Contra la
Corriente

en la presidencia de Enrique Bolaños Geyer

Avil Ramírez

A:

mi esposa Carolina, mis hijos Avil Antonio, Alejandro Andrés y Carlos Eduardo; mi madre Vilma María, mi padre Antonio (q.e.p.d) y a quienes han luchado por la democracia en Nicaragua

AGRADECIMIENTO AL PRESIDENTE
ENRIQUE BOLAÑOS GEYER

Prefacio

La historia la escriben los vencedores. Quizá el presidente Enrique Bolaños Geyer esté muy lejos de considerarse un *vencedor* -en los términos *convencionales*- de la política criolla. Sin embargo, poco se conoce –de primera mano- de que le tocó hacer en la presidencia de la República en un país *poco acostumbrado* al respeto al orden establecido, y más bien, siempre expuesto a la imposición de la voluntad del caudillo del partido político –oficialista u opositor- sin importarle el respeto a las leyes, ni la voluntad del pueblo.

La oportunidad que tuvo el autor de conocer –en primera persona- al acompañar a Enrique Bolaños Geyer como uno de sus funcionarios más cercanos por 5 años, -y desde antes- en muchos de los episodios que fueron determinantes en su administración (2002-2007), se recogen de forma clara y directa. Se aportan prueban y copias de documentos que soportan la veracidad del autor, lo que permitirá al lector sacar sus propias conclusiones sobre la historia política contemporánea en la Nicaragua del siglo XXI, que no se diferenciará mucho, del Siglo XIX.

Introducción

La figura de Enrique Bolaños Geyer ha estado marcada por muchas controversias. Después de una juventud *normal* en la Nicaragua de los años 30´s, hasta su retorno de los Estados Unidos como profesional, pasando por su éxito como empresario, e iniciar su quinta década con una *Revolución* marxista –que le quitó todo- desde finales de la década del 70, hacen que su historia sea también parte de su defensa de los valores en que sustentó su lucha contra los dirigentes revolucionarios en los años 80´s, hasta su incursión en la vida política partidaria, alcanzando la vicepresidencia en 1997 y la presidencia de la República en 2002, habiendo superado innumerables obstáculos para culminar su mandato, no sin antes haber sufrido en *carne propia* y sido víctima de los vicios de la conducta política *tradicional* pinolera, la que no dista mucho del resto de América Latina, que se recogen de la mejor forma posible.

La participación de uno de los hijos de Enrique Bolaños respaldando la lucha revolucionaria, el encarcelamiento y *juzgamiento* -aún antes del triunfo de la revolución- por un comando guerrillero en Monimbó en junio de 1979; las varias *carceleadas* que sufrió Don Enrique por criticar la *revolución,* la confiscación de sus propiedades y las de sus hermanos, su presidencia del COSEP y su desafío ante el poder absoluto del primer régimen de Daniel Ortega Saavedra, lo catapultarían –al final de su vida- a los cargos de mayor responsabilidad en la vida política de Nicaragua.

La torpeza política de muchos, hizo que la cuarta candidatura consecutiva de Daniel Ortega (1990, 1996, 2001) se transformara en una victoria pírrica el 5 de noviembre del 2006, con apenas el 37.9 % de los votos emitidos, (frente al 57 % de la oposición dividida) llevando a su antiguo adversario y victimario político, Enrique Bolaños Geyer a hacerle entrega de la banda presidencial que por 16 años añoró poseer nuevamente.

Aquí se narran episodios inéditos que hicieron posible los aciertos y errores de un empresario metido a la política y a quien la historia juzgará. Se pretende que el lector comprenda el por qué -desde los inicios de su existencia- casi siempre, Enrique Bolaños Geyer, ha ido *Contra la Corriente.*

ÍNDICE

En la actualidad la gente sólo se preocupa por sus derechos.
Recordarle que también tiene deberes y responsabilidades es un acto
de valor que no corresponde exclusivamente a los políticos.
Mahatma Gandhi

Capítulo I
Forjándose en la Nicaragua rural

Ni corras que sos out
El Churruco. La Prensa 1984

El Churruco

El Churruco. Hace 30 años, en 1984 muy pocos sabían el significado de esa *cosa.* Únicamente, que era un apodo. Más bien, fue un seudónimo usado por Enrique Bolaños Geyer en un artículo que publicó en el Diario LA PRENSA intitulado *Las elecciones, como el béisbol* en el que hacía referencia a las primeras elecciones que se realizarían desde el triunfo de la *revolución* de 1979. El personaje central de la ficción de Bolaños Geyer era el *Churruco*, y en el artículo se hacía reseña a un pleito imaginario entre un *burro amarrado* contra un *tigre suelto.* El *burro* era la Coordinadora Democrática *Ramiro Sacasa Guerrero* con sus candidatos Arturo Cruz Porras y Adán Fletes Valle y el *tigre* suelto era el FSLN con Daniel Ortega Saavedra y Sergio Ramírez Mercado. El cuento se centraba en las ventajas que tenían los candidatos oficialistas (medios de comunicación, recursos del Estado, empleados públicos…) sobre sus *opositores.*

Antes, en su adolescencia, a Enrique Bolaños le decían *brequito.* El apodo le vino de su propia familia, al haber fracasado con un su *invento* perfeccionador de los frenos de una bicicleta de la época, en la que solía jugar en la bajada inclinada de la cuadra de su casa en su ciudad natal, Masaya. El mismo don Enrique me contó varias décadas después, que en el Colegio Centroamérica de Granada, donde estudió su secundaria, le *encajaron* el sobrenombre de *Perro,* lo que supuestamente tenía que ver con la *seriedad* del muchacho de la década del 40 del siglo XX.

Ya Bolaños, 60 años después, ejerciendo la presidencia de la República en su tercera edad, nunca fue muy serio; ni en los más difíciles momentos de su experiencia como presidente se le recuerda perdiendo su semblante sonriente, el que algunas veces desconcertaba a quienes le acompañábamos muy cercanamente en su administración. Quizá se le notó –y quien no- dolor y sufrimiento ante la pérdida de sus hijos Jorge (2005), después por Javier (2007), y por último de su esposa Lila T. (2008) ya como ex mandatario en los últimos dos casos. Antes, a mediados de los años 70´s también había visto partir prematuramente a su hijo Alberto en un acidente de tránsito el día de su graduación de secundaria.

Durante la campaña electoral del año 2001, muchos llamaban a Enrique Bolaños, *El Churruco*, o la *abreviatura* del mismo, *El Churri* (como le bautizara el caricaturista de LA PRENSA, Manuel Guillen); al vehículo descapotado que utilizó se le moteó como el *churri-móvil*; incluso, a su nieta Valeria, de 10 años entonces e hija del doctor Jorge Bolaños Abaunza (q.e.p.d.) le decían *la Churruquita*.

Los rivales sandinistas de Bolaños Geyer, buscando como hacer chacota de su edad (73), se referían a él como una *Bola de Años;* los asesores del *Churruco* le dieron vuelta a la *idea* de los adversarios sandinistas de entonces, e hicieron –incluso- una canción de campaña que decía que Enrique Bolaños era una *Bola de Años* de experiencia… una *Bola de Años* de honestidad…etc. No era nuevo que atacaran a Bolaños por su edad….de hecho, cuando apenas contaba con 51 años (en 1979) otros guerrilleros sandinistas, en ese entonces, mucho más jóvenes que los del año 2001, le decían *el viejo,* al tenerlo prisionero en Masaya, como se relata posteriormente.

Don Enrique Bolaños, es un hombre de principios,
amante de la paz y comprometido con la dignificación
y el desarrollo de Nicaragua
María José Zamora

Enrique José Gregorio Bolaños Geyer

Los pocos que le conocieron y que aún quedan, coinciden en que desde temprana edad, Enrique Bolaños fue una persona muy calculadora. Quizá por ello decidió estudiar ingeniería años después. Su baja estatura, no fue impedimento para que en su adolescencia fuese el mejor deportista de su Colegio, el jesuita Centroamérica de Granada, catalogado como el mejor atleta de su liceo en el año 1944-1945. Estrategia y planificación, recordaría años después como la fórmula de su éxito. Eso también lo acompañaría a lo largo de sus años a través de la vida.

En esa Granada pues, ciudad eminentemente liberal -llena de conservadores-, se formó Enrique Bolaños en sus estudios secundarios. Su primaria la había cursado en el colegio parroquial *Monseñor Lezcano* y en el colegio *Salesiano*, ambos en Masaya, donde naciera un domingo 13 de mayo de 1928. Para esa época, mientras Enrique Bolaños Geyer nacía, Nicaragua era, para variar, un Estado intervenido por los norteamericanos, todo a la vista, paciencia y complacencia de los políticos de entonces. Cuando le tocó estudiar su licenciatura en los Estados Unidos mientras Europa y Asia se debatían en el final de la II Guerra Mundial, -al igual que sus hermanos, Alejandro y Nicolás, no dudó en aceptar la recomendación de su padre, don Nicolás Bolaños Cortés (q.e.p.d.) para que lo matriculasen en una universidad de San Luis, Missouri, y no en las prestigiosas universidades de Boston, Nueva York, Washington, Texas o California. *Había mucho riesgo*, pensó y le dijo su padre, si los alemanes o japoneses lanzaban un ataque marítimo o aéreo a las costas norteamericanas, como había ocurrido con Pearl Harbor el 7 de diciembre de 1941, los primeros objetivos militares serían las ciudades costeras del este o del oeste de la unión americana; igual riesgo representaban los Estados de Texas y Luisiana por el estratégico Golfo de México. En San Luis, era más difícil ser blanco de un ataque enemigo. No fue –pues- por otra cosa, que Bolaños estudió en esa pequeña localidad semi-rural de esos tiempos, con apenas 150 mil habitantes; y no dudó el joven bachiller del colegio jesuita, en seguir su formación profesional en dónde sus hermanos estudiaban. Todo ello después de ser elevado al rango de *Príncipe Perpetuo* como reconocimiento oficial al mejor alumno de su colegio por la excelencia académica en todo su período secundario.

Su estadía en ese estado norteamericano, también lo hizo – como todos los nicaragüenses- un aficionado más al béisbol y hasta fanático de los Cardenales de San Luis, (antes Browns), cuando en esos años, los negros y latinos estaban vedados en el deporte, en la cultura, en la sociedad y en las escuelas norteamericanas, eran tiempos de segregación racial; ese fue el mundo universitario donde Enrique Bolaños se formó y a pesar de que sus padres no eran *pobres*, tampoco eran ricos y por ello, al igual que muchos, tuvo que trabajar para ayudarse con sus gastos en la universidad. Su salario: 1 dólar al día. Su empleo: profesor de español. Su empleador: el Instituto Berlitz.

Enrique Bolaños Geyer concluyó sus estudios universitarios y regresó a Nicaragua en 1962. Lo hizo por tierra, juntando sus ahorros para comprar un automóvil nuevo, un *Ford Fairlane*; se vino manejando por la mitad del territorio norteamericano, para continuar por México, Guatemala, El Salvador y Honduras hasta cruzar por el puesto fronterizo de *El Espino* en el departamento de Madriz y llegar a la semi-rural provincia de Masaya con calles y avenidas llenas de coches halados por caballos y por unos 40 vehículos particulares, de los cuales unos 8, eran taxis.

Quien no amó nunca, no ha vivido jamás
John Gay

Lila T.

En su Masaya natal, años antes de bachillerarse e irse a estudiar a Missouri, Enrique Bolaños había conocido al que sería su único amor: Lila Teresita de Jesús Abaunza Solórzano, conocida abreviadamente por su futuro novio, sus parientes y amigos cercanos, como Lila T. quien nació un 29 de enero del año 1929, hija de don Alejandro Abaunza Espinoza y doña Esmeralda Abaunza Solórzano; el padre de doña Lila T., fue un político liberal que alcanzó la presidencia del Congreso Nacional y fue ministro de Agricultura y Obras Públicas, y hasta *pre candidato* a la presidencia de la República en tiempos del General Anastasio Somoza García.

Siempre recordaba don Enrique lo molesta que lucía doña Lila T., ese Martes Santo en que la conoció. Martes Santo en una sociedad ultra conservadora, donde hasta era considerado una *ofensa* el utilizar un vehículo, el correr o el caminar *rápido* en la Semana Mayor; ese día, un tío de la joven Lila Teresita había fallecido y tenía pues, que asistir a las honras fúnebres. Nunca olvidaría Enrique Bolaños esa anécdota que contaría con frecuencia –posteriormente- en su vida y que, quienes fuimos funcionarios cercanos en su gobierno, escuchábamos de vez en cuando, fingiendo, como que era la primera vez y mostrando una disimulada sonrisa y cómplice mirada entre uno que otro de los que le acompañábamos para no interrumpir, lo que ya sabíamos desde su inicio. Otra de las *curiosidades* de Enrique Bolaños respecto a su matrimonio, era el compartir una fórmula matemática que practicaba diariamente, dizque por lo de ingeniero, que le hacía muy fácil calcular con exactitud la cantidad de años, meses, días, horas y hasta minutos que llevaba de casado con Doña Lila T. con quien se matrimonió en diciembre de 1949.....*56 años, 3 meses, 11 días, 2 horas y 22 minutos* decía –según el caso- cuando le preguntaban sobre la duración de su matrimonio. Lila Teresita de Jesús Abaunza de Bolaños, falleció a los 78 años de edad sosteniendo la mano de su compañero de toda la vida, el ya entonces ex presidente Enrique Bolaños Geyer en compañía de dos de los cinco hijos que procrearon: Enrique y Lucía en su residencia de *El Raizón* a las 8:22 minutos de la noche del 17 de julio del año 2008.

Donde hay una empresa de éxito, alguien tomó una decisión valiente
Peter Drucker

El empresario

Formado profesionalmente como ingeniero industrial, Enrique Bolaños continuó sus estudios en el Instituto Centroamericano de Administración de Empresas (INCAE) a través del Programa de Alta Gerencia.

En 1952, Bolaños Geyer fundó junto a sus hermanos Alejandro y Nicolás, el Grupo SAIMSA en el que fungiría como Presidente del Consejo de Administración. La diversidad de empresas en que sirvió como Director o Gerente, fue amplia. Laboró en Calzados Lorena S.A. de Masaya (1956-1959); Compañía Leonesa de Productos Lácteos S.A. (1962-1964); Impresora Serigráfica S.A. en Managua (1967-1973); y en el Servicio Agrícola Industrial Masaya S.A., (SAIMSA), fundada en 1964 y confiscada por el régimen sandinista en 1985; también en Aero Servicios *Los Altos* S.A. (ALASA) desde 1969 hasta su confiscación en 1985; Agropecuaria El Raizón S.A., (desde 1970); Siembras Técnicas S.A., (SITEC, desde 1975); Agrícola San Jorge (desde 1975); Agrícola de Fibras Textiles (desde 1976); Agrícola Moderna Organizada S.A. (AGRIMOSA desde 1977); Productores de Algodón S.A., (PRODALSA desde 1978) y Agrícola San Gregorio (desde 1981). En el año 1973, Enrique Bolaños había constituido el holding *Enrique Bolaños Geyer Hnos. & Cía. Ltda.*

Bolaños Geyer fue confiscado durante el primer gobierno sandinista por su franca oposición al régimen marxista-leninista de entonces; entre el despojo de sus bienes, se contabilizan más de 2 mil manzanas de tierra que utilizaba para la agricultura en el departamento de Masaya. Junto a las propiedades confiscadas, se produjo igualmente el decomiso arbitrario de tractores, vehículos, aviones, talleres, cuentas bancarias y otros bienes, tanto de él como de sus familiares, habiendo definido -el entonces presidente del Consejo Superior de la Empresa Privada (COSEP)- el acto del gobierno de Daniel Ortega, como una *vendetta personal* de los sandinistas por su oposición a la revolución. *Cualquier nicaragüense que posee algo aquí y todavía no lo ha perdido* -dijo- *lo perderá, porque éste es el sistema, la ideología y la doctrina de los que gobiernan este país*, dijo a mediados del año 1985.

La libertad no es un fruto que crezca en todos los climas,
y por ello, no está al alcance de todos los pueblos
Jean-Jacques Rousseau

Capítulo II
Revolución y contrarrevolución

En mi país, primero vas a prisión y luego sos presidente
Nelson Mandela

Prisionero de los muchachos revolucionarios

A inicios de 1978, la presión sobre el régimen somocista crecía a lo interno del país con la solidaridad de muchos países del mundo, encabezando el *disgusto* externo el norteamericano presidente James Carter. La dinastía de los Somoza sumaba ya, 43 años de existencia; la molestia y rechazo al somocismo era cada vez más evidente, lo que produjo el apoyo cada vez más abierto a la lucha contra el régimen, la que se manifestaba en enclaves en Costa Rica, armas, hombres y municiones de parte de Venezuela (Carlos Andrés Pérez), Cuba (Fidel Castro Ruz), Panamá (Omar Torrijos) y la misma Costa Rica (Rodrigo Carazo Odio), principalmente; la solidaridad diplomática abarcaba desde México (José López Portillo) hasta España (Felipe González), en Francia (François Mitterrand), Alemania Federal (Billy Brandt), Suecia (Olof Palme), y muchos otros países en todo el mundo, que veían como innegociable el triunfo de la *revolución.*

Estados Unidos, bajo la administración del presidente Carter, ya había abandonado –públicamente- a su más fiel y servil aliado en Centroamérica, el entonces presidente y General, Anastasio Somoza Debayle, tal como lo hizo meses antes con el Sha de Irán, Muhammad Reza Pehlevi, derrocado el 11 de febrero de 1979. Reza Pehlevi, había sido –igual que los 3 Somozas- un fiel aliado de los Estados Unidos desde su ascenso como emperador el 16 de septiembre de 1941. Los amigos del otrora todopoderoso régimen de los Somoza, se contaban con los dedos de una mano....Israel (Menajén Beguin) Paraguay (Alfredo Stroessner), Guatemala (Fernando Romeo Lucas García) y uno que otro congresista o senador norteamericano amigo de Somoza. Eso era lo que le quedaba al único general nicaragüense de 5 estrellas, graduado de West Point y que aspiraba a culminar el período para el que había sido *electo* en 1974 y que finalizaba el 1 de mayo de 1981, lo que no fue posible. La enorme mayoría del pueblo que gobernaba Somoza, estaba harto del latrocinio, la corrupción, la falta de democracia, la violencia institucionalizada y de la dictadura dinástica de más de 40 años.

El destino de Somoza estaba escrito; también el de Nicaragua. La denominada *Ofensiva Final* del Frente Sandinista de Liberación Nacional era una realidad. Somoza -sin armas y cada vez más aislado internacionalmente-, ofrecía poca resistencia ante el avance de los guerrilleros que iban, poco a poco, adueñándose de los cuarteles de la Guardia Nacional en todas las latitudes del suelo nicaragüense. La combativa Masaya, y su barrio indígena de Monimbó, situada a 24 kilómetros de la capital, no sería la excepción y en junio de 1979, Enrique Bolaños Geyer, a la sazón de 51 años, fue capturado -*y juzgado* – ante un *Tribunal Popular*- días previos al triunfo revolucionario, ya con la ciudad en manos de la guerrilla. Lo acusaron de ser reaccionario, burgués, oligarca y de *no querer apoyar la revolución.*

Bolaños comentaría, 25 años después, las repetidas ocasiones en que prominentes dirigentes históricos del Partido Conservador –muchos de ellos sus *amigos*- le habían *invitado* a colaborar económicamente con los guerrilleros sandinistas. Bolaños se opuso, no por ser somocista, sino porque –decía él- su olfato le indicaba, que aquellos jóvenes *revolucionarios* eran manipulados por otros, con claras pretensiones marxistas. Fue por ello que don Enrique justificaría su no-colaboración económica con los *muchachos*, a pesar de que Jorge, uno de sus hijos, abrazaba –igual que la mayoría de los nicaragüenses- la causa revolucionaria. Bolaños Geyer fue capturado en la carretera entre Granada y Masaya, de donde regresaba de comprar alimentos para su familia y para los trabajadores de su desmotadora ubicada en las afueras de la ciudad. Lo reconocieron y lo hicieron bajar del vehículo que conducía. Lo trasladaron a una especie de *cuartel* que los guerrilleros tenían en Monimbó y lo trataron mal. Con desprecio. Con odio. Eso mismo comentaría Enrique Bolaños al narrar el episodio ocurrido en junio de 1979 y que casi le cuesta la vida. Los *sandinistas* no le *perdonaban* el que no hubiera acogido favorablemente sus peticiones de apoyar económicamente la *revolución* y ese era el motivo principal del *juicio* que le realizaron. Lo llamaban –despectivamente- *el viejo*. Uno de sus captores, conocería Bolaños Geyer años después, fue el comandante guerrillero Hilario Sánchez, quien muriera a mediados de los 80´s en oscuras circunstancias en un *naufragio* en el lago Cocibolca, siendo el único de las víctimas que poseía extraordinarios dotes de nadador y siendo también, la única fatalidad; fue precisamente la *compañera sentimental* de Hilario Sánchez, una de las personas que abogó por la inocencia del empresario algodonero capturado en los albores del triunfo revolucionario. A Bolaños Geyer lo acusaban –*además de no haber querido dar dinero para los guerrilleros*- de otras tres cosas: 1) 23 aviones de su propiedad estaba artillados bombardeando a la guerrilla; 2) 23 radio-teléfonos de su propiedad ayudaban a transmitir las posiciones de los insurrectos a la Guardia Nacional de Somoza y 3) En las instalaciones de SAIMSA se encontraban *paramilitares somocistas.* Todo era falso. Al final lo dejaron libre. Bolaños fue pues, encontrado *inocente,* tal vez en el *juicio* más *justo* en la *euforia del momento.* Hubo –y fue determinante- quienes testificaron a favor de don Enrique y eso le valió la vida. Salió del cuartel en medio de las calles desoladas de Masaya. Un alma no se encontraba. La población se refugiaba de los ataques de la Guardia Nacional y de las emboscadas de la guerrilla sandinista que luchaba por mantener el control de la ciudad. Los muertos yacían en las calles. Llegó Bolaños a su casa en *El Raizón*, a pocos kilómetros de Masaya en el municipio de Nindirí.

Bolaños Geyer –después de lo acontecido- se había jurado a sí mismo, evitar acciones que pusieran en riesgo su vida... pero el destino le tenía otra prueba que superar. En el kilómetro 12 de la carretera Masaya-Managua, por donde frecuentemente Bolaños transitaba, en compañía de un yerno de su hermano, pocos días después, fue conminado en un retén de la Guardia somocista, a hacer *un alto,* cosa común en esos tiempos de guerra, asonadas e incertidumbre; el pariente político de Bolaños se detuvo pero éste notó que el uniforme del guardia era diferente....ya no era un militar de la G.N. de Somoza quien ordenaba; era uno de los guerrilleros alzados que se habían adueñado del retén. Bolaños vio a uno de los guerrilleros que en un lenguaje corporal - inolvidable para él temeroso Bolaños- nunca olvidaría, pues la cara de ansiedad y desesperación que mostraba un guerrillero *diferente,* lo que junto a sus pesados y gruesos lentes, con incipiente barba de 5 ó 6 días, más rasgos orientales o mongólicos, fijaron sus ojos en Bolaños Geyer al momento que les ordenaban bajar del vehículo. Bolaños no hizo caso e indicó al conductor que *alzara vuelo,* imprudentemente. Uno de los guerrilleros se apostó arrodillado y apuntó... pero al final, no disparó. Días después del incidente, el 20 de julio de 1979, Enrique Bolaños Geyer volvería a ver, esta vez en la televisión, al mismo personaje –entonces flaco y ansioso- Moisés Hassan Morales, miembro de la Junta de Gobierno que entró triunfante a la Plaza de la República, bautizada ese día como Plaza de la Revolución; rebautizada en los años 90´s nuevamente como Plaza de la República; convertida en fuente luminosa por el Presidente Arnoldo Alemán Lacayo en el año 2000, la que fuera destruida por la nueva administración de Daniel Ortega Saavedra en el 2007, quien requeté rebautizó –nuevamente- la Plaza, como Plaza de la Revolución.

22 años más tarde, ese mismo guerrillero, Moisés Hassan Morales públicamente apoyaría a Enrique Bolaños Geyer en su candidatura a la presidencia de la República en el año 2001. Hassan Morales, fue además de miembro de la Junta de Gobierno de Reconstrucción Nacional, Alcalde de Managua y

vice ministro del Interior (1981-1985); en el año 1988 se *retiró* del FSLN y organizó el partido Movimiento de Unidad Revolucionaria (MUR) y que después convirtió en Movimiento de Acción Renovadora (MAR) con el que participó en las elecciones de 1990; Hassan Morales quedó en *tercer lugar* con apenas 1,18 %, producto de 16,742 votos, detrás de la victoriosa Violeta Barrios de Chamorro (54.74 %) y del derrotado Daniel Ortega (40.82%), lo que le valió un escaño como diputado *constitucional* hasta el 9 de enero de 1997. Hassam Morales estuvo *alejado* de la política partidaria hasta que *apareció* en el 2001, apoyando la candidatura de Bolaños Geyer; en el año 2006 la del candidato de la entonces Alianza Liberal Nicaragüense (ALN) Eduardo Montealegre Rivas y en el 2011, pretendió respaldar la candidatura de don Fabio Gadea Mantilla a través de un nuevo partido que ayudó a fundar, el poco conocido Partido de Acción Ciudadana (PAC) y el Partido Liberal Independiente.

En una revolución, como en una novela, la parte más difícil de inventar es el final
Alexis Tocqueville

La Revolución.

Triunfaba la *revolución* que tanta esperanza y ofrecimientos de libertad y democracia había entusiasmado a muchos nicaragüenses y también a muchos extranjeros. Bolaños Geyer afirmaría su reticencia a *creer* en el proyecto, argumentando que sus *proclamas de lucha era suficiente para saber lo que harían, una vez en el poder.* Sin embargo, el respaldo de amplios sectores como el Partido Conservador, los liberales independientes, los socialcristianos, y principal y fundamentalmente, de la empresa privada, eran una buena señal para los nicaragüenses. Además, en la Junta de Gobierno estaban doña Violeta Barrios de Chamorro y el Ingeniero Alfonso Robelo Callejas, este último ex presidente del Instituto

Nicaragüense de Desarrollo (INDE) y del Consejo Superior de la Iniciativa Privada (COSIP), ahora COSEP.

Sus hijos, Enrique, Jorge, Lucía y Javier residían fuera de Nicaragua y poco a poco, los dirigentes de la empresa privada que acompañaron la lucha popular contra Somoza, se iban desencantando de la conducción de la revolución, especialmente por el incumplimiento de los acuerdos consignados en el Programa de Gobierno y posteriormente en el Estatuto Fundamental de Derechos y Garantías que debió haber sido la *Carta Magna* de la revolución. La misma Junta de Gobierno de Reconstrucción Nacional, ya no era la misma. Los dos representantes *moderados*, Violeta Barrios de Chamorro y Alfonso Robelo Callejas, habían abandonado la *aventura revolucionaria* y denunciado el proyecto totalitario de los nuevos dueños de Nicaragua. Iniciaba pues, una nueva etapa para Enrique Bolaños Geyer que lo llevaría, al final y 18 años más tarde, a ser vicepresidente de la República y 23 años después, presidente del más grande de los países centroamericanos.

Muchos de los empresarios nicaragüenses habían puesto a resguardo sus bienes en el extranjero y otros se marcharon del país. Por su beligerancia y firmeza frente a los abusos de la *nomenclatura* revolucionaria, fue encarcelado por el primer gobierno de Daniel Ortega el 20 de octubre de 1981 junto a otros dirigentes del Consejo Superior de la Empresa Privada (COSEP), por el *delito* de haber enviado una carta pública criticando a la Junta de Gobierno de Reconstrucción Nacional; a 3 de los dirigentes del COSEP les condenaron a varios meses de prisión. A Bolaños Geyer, lo liberaron poco tiempo después. Las críticas -en la carta de protesta que firmó Bolaños Geyer-era por las desviaciones que los empresarios observaban del curso original de la revolución y la traición de lo ofrecido a los nicaragüenses y a la comunidad internacional para deshacerse del somocismo.

Un mes después, en noviembre de 1981, nuevamente, Enrique Bolaños fue detenido por los sandinistas. Esta vez ejercía interinamente la Presidencia del COSEP, pues sus colegas se encontraban en prisión y le tocaba a él, dar la cara por el empresariado. Esa detención se produjo cuando se disponía a viajar a Venezuela a una asamblea de la Asociación de Industriales Latinoamericanos. El tercer arresto –formal, sin contar el ocurrido en la etapa insurreccional- sucedió en julio de 1982, mientras se encontraba en una de sus propiedades rurales donde cultivaba algodón. En esa ocasión, fue llevado a la cárcel de *máxima seguridad* ubicada en *El Chipote*. Fue gracias a la intervención directa y personal del entonces presidente venezolano Luis Herrera Campins, que Bolaños fue liberado. Las presiones continuaron. El Raizón, pequeña zona residencial donde convivían cerca de 12 familias, era objeto constante de manifestaciones del *poder popular* que los sandinistas pregonaban a través de los Comités de Defensa, copia criolla de los tristemente célebres Comités de Defensa de la Revolución (CDR) de la Cuba castrista. *A los reaccionaros de El Raizón…Paredón,* gritaban en coro los *cedesistas* a sus mismas preguntas. Bolaños Geyer, en su soledad con la paciente doña Lila T., escuchaba atento las amenazas que proferían y en las que ofrecían fusilarle por su disidencia pública y abierta. El COSEP, al igual que las organizaciones sindicales no-sandinistas, formaron parte posteriormente de la Coordinadora Democrática *Ramiro Sacasa Guerrero,* en honor del disidente liberal que se opuso a la dinastía somocista en 1968 y quien muriera en 1981 en un accidente de tránsito, cuando, en representación del Movimiento Liberal Constitucionalista, era miembro del Consejo de Estado, una especie de órgano co-legislativo de entonces.

A pesar de las represalias, don Enrique no escuchaba los *consejos* de sus hijos en el exterior, y no abandonaría Nicaragua. Nunca perdió su *rebeldía cívica* y fue por ello que el 1 de marzo de 1984, aceptó la invitación de Jesús *Chuno* Blandón en *Radio Sandino* y acudió a su semanal programa de radio en la emisora vocera –entonces- oficial del FSLN. El programa se llamaba *Línea Directa* y se transmitía a las 7 de la noche los días jueves, con gran audiencia entre la población, ocasión en la que Enrique Bolaños refutó el rumbo de la revolución y las desviaciones del programa ofrecido como *alternativa al somocismo.*

Cuando el gobierno viola los derechos del pueblo, la insurrección es el más sagrado de los derechos y el más indispensable de los deberes.
Marqués de La Fayette

La Contrarrevolución y el fin de la guerra

La presión de la guerrilla organizada en la Resistencia Nicaragüense, con más de 30 mil hombres armados, obligó al régimen de Daniel Ortega a adelantar las elecciones programadas para noviembre de 1990. Los Acuerdos de *Esquipulas II* y las negociaciones iniciadas en marzo de 1989 con los dirigentes políticos de la Resistencia Nicaragüense fueron determinantes para que el país apostara al diálogo y una solución pacífica del conflicto armado. La guerra había destruido la infraestructura económica y en 1989, más del 50 % del presupuesto nacional estaba destinado a la misma, lo que había hecho de Nicaragua, un país donde la hiperinflación alcanzó un record mundial: 33 mil %. El FSLN y Daniel Ortega apostaron a que las fuertes divisiones existentes entre la oposición prevalecerían y al *respaldo del pueblo,* por lo que aceptaron adelantar las elecciones. Nunca se prepararon para perder. Nunca lo pensaron. No estuvieron nunca listos para ello.

A pesar de la conocida vocación civilista y pacifista de Enrique Bolaños (quien gustaba de afirmar que jamás en su vida había portado un arma, y eso que en la Nicaragua rural en que trabajó como agricultor, hubiera sido algo normal), no dudó en su momento en los años 80´s, de dialogar con dirigentes (en Miami o Tegucigalpa) de la resistencia armada al primer gobierno de Daniel Ortega. Enrique Bolaños se juntó con dirigentes de la contrarrevolución como Adolfo Calero Portocarrero (q.e.p.d.), Alfonso Robelo Callejas, Enrique Bermúdez (q.e.p.d.) Arístides Sánchez Herdocia (q.e.p.d.) y muchos otros dirigentes de la guerrilla opuesta al régimen marxista-leninista que detentaba el

23

poder en Nicaragua. A pesar de ello, Enrique Bolaños nunca respaldó públicamente (aunque nunca se opuso) la guerra que se libraba en las montañas de Nicaragua en lo que llegó a ser una de las guerrillas más grandes en la historia de América Latina, 30 mil combatientes. Ya siendo presidente de la República, Enrique Bolaños Geyer nunca ocultó su anti-sandinismo. El 19 de julio del año 2004, al conmemorar Daniel Ortega y su partido el XXV Aniversario de la Revolución, el entonces presidente Bolaños, indicó que esa efeméride debía ser *día de llanto nacional, así como cuando conmemoramos el Día de Muertos, el 2 de noviembre de cada año,* agregando que *cuando ocurrió el éxodo de nicaragüenses al exilio y me convertí por siete años consecutivos en presidente del Consejo Superior de la Empresa Privada, me seguí oponiendo al gobierno sandinista y por eso perdí todas mis propiedades, todo me lo confiscaron,* señaló en ese entonces, al recordar la venganza del sandinismo.

Fue precisamente el 8 de septiembre del año 1985, que el Consejo Superior de la Empresa Privada (COSEP) reeligió a Enrique Bolaños Geyer como su presidente y en su discurso se autocalificó como abanderado de la lucha de liberación, pero cuidándose de no respaldar la lucha armada, aunque los diarios sandinistas de la época lo acusaron de ello, destacando lo dicho por Enrique Bolaños en su discurso, cuando afirmó que *se tenía que abolir el sistema sandinista.* Bolaños Geyer señaló igualmente, que los acuerdos de *Esquipulas II* eran producto de la lucha de su organización y que si el gobierno no cumplía, *había que pedir el remplazo del régimen sandinista.* Y añadió: *Sabemos que hay quienes -de sobra- pueden ejecutar esa sentencia.* Días después, Bolaños Geyer fue criticado en el desaparecido periódico del FSLN (BARRICADA) por haber participado en la celebración de los doscientos años de la promulgación de la Constitución estadounidense afirmando que Bolaños Geyer había *alabado la constitución del imperialismo norteamericano,* -entre otras cosas- porque ayudaba a encontrar el nacionalismo que *tanta falta hace a los nicaragüenses.* Los medios oficialistas de entonces, destacaron que en la asamblea del COSEP había estado presente la Coordinadora Democrática

Nicaragüense, que era, según los voceros del Presidente Daniel Ortega, la *expresión política de los empresarios reaganianos*, destacando que en la reunión del COSEP se dijeran consignas tales como *Si cumplen, se van y si no, también; Sin censura, se cae la dictadura, No aguantarán, Democracia sí, Comunismo no*, entre otras.

Si es bueno vivir, todavía es mejor soñar, y lo mejor de todo, despertar
Antonio Machado

Nicaragua me importa

Fue quizá, una de las más atrevidas críticas que Enrique Bolaños hizo públicamente sobre el régimen sandinista de los años 80´s. Y era lo mismo decía a lo interno del país, con la diferencia de que por la censura, su voz de denuncia no se escuchaba. Y lo dijo en Miami, cuna del exilio nicaragüense el Día de la Independencia Nacional, un 15 de septiembre de 1987, en la etapa más dura de la guerra contra el FSLN, en un evento invitado a compartir su visión de lo que ocurría en Nicaragua, lo que graficó de manera extraordinaria. En su discurso *Nicaragua nos importa*, Enrique Bolaños *tronó* contra el régimen marxista de entonces. Y fue tal vez esa franqueza y firmeza de su anti sandinismo, lo que impidió su candidatura a la presidencia de la República en 1990. *Era muy radical*, decían sus adversarios internos, que al final prefirieron a doña Violeta Barrios de Chamorro y al Doctor Virgilio Godoy Reyes, como fórmula opositora y quienes mal que bien, eran conocidos de los sandinistas, pues doña Violeta les había acompañado en la Junta de Gobierno de Reconstrucción Nacional y Godoy Reyes había sido su ministro del Trabajo durante los primeros 4 años de revolución.

Una vez alcanzados los acuerdos de Sapoá, entre la Resistencia Nicaragüense y el Gobierno de Daniel Ortega, con la mediación de la Organización de Estados Americanos (OEA) y su Secretario General Joao Baena Soarez y el Cardenal Miguel Obando y Bravo, se presentaron las bases para un proceso electoral –con garantías mínimas- que culminó, a pesar del control del FSLN en todas las estructuras del Estado, contra pronóstico- la derrota de Daniel Ortega Saavedra y Sergio Ramírez Mercado el 25 de febrero de 1990. La contrarrevolución armada no había triunfado, pero sin duda alguna, sin la existencia de la misma, el FSLN y Daniel Ortega nunca hubieran accedido a poner en riesgo su poder en un proceso electoral que permitió el surgimiento de la democracia en Nicaragua.

No podemos olvidar lo importante que fue -para que Daniel Ortega aceptara el diálogo con la contrarrevolución-, el acuerdo del presidente estadounidense George Bush (p) y el último líder soviético, Mijaíl Sergeyevich Gorbachov, habiendo enviado éste último a Boris Yeltsin, miembro del Buró Político del Comité Central del desaparecido Partido Comunista de la Unión de Repúblicas Socialistas Soviéticas, y primer Presidente ruso de la era post-soviética. Yeltsin fue el encargado del régimen soviético de informarle a los criollos comunistas nicaragüenses de entonces, que ya no habría más *solidaridad,* ni petróleo, ni armas, ni nada de nada. Tenían pues, los dirigentes sandinistas, que arreglarse con los contrarrevolucionarios y tragarse aquellas frases que uno de los más viejos dirigentes del sandinismo afirmare que *primero se caerían las estrellas del cielo y los ríos se volverían sobre su cauce, antes que sentarnos a dialogar con la contrarrevolución.* Ese mismo dirigente del sandinismo, recobró notoriedad en el segundo período presidencial del comandante Daniel Ortega, al declarar públicamente lo que aconsejó al presidente Ortega *de que el FSLN no podía cometer el error de perder el poder. Hagamos lo que tengamos que hacer, no vamos a entregar el poder,* diría el mismo que pronosticó la caída de las estrellas y la devolución de los ríos y que falleciese en el año 2012, el embajador Tomás Borge Martínez.

La posterior presidente de Nicaragua, Violeta Barrios de Chamorro obtuvo –en un diálogo muy *pintoresco* en Nueva York- de Boris Yeltsin, la condonación de una muy buena parte de la deuda contraída con los soviéticos por los dirigentes revolucionarios de los años 80´s.

La civilización es la victoria de la persuasión sobre la fuerza
Platón

La victoria de la UNO

Daniel Ortega había ofrecido *mutuo propio*, adelantar las elecciones generales previstas para noviembre de 1990, como un gesto de *bona fide* ante sus colegas presidentes de Guatemala (Vinicio Cerezo); El Salvador (José Napoleón Duarte); Honduras (José Azcona Hoyo) y su siempre envidiado (por lo del Premio Nobel) Oscar Arias Sánchez de Costa Rica. Formadas las inventadas *Comisiones Nacionales de Reconciliación*, Ortega se comprometió a *levantar* el estado de emergencia y dar cierta *apertura* a los medios de comunicación censurados y clausurados (La Prensa no circulaba desde 1987).

Daniel Ortega y los otros 8 *comandantes de la Revolución*, Humberto Ortega, Tomás Borge, Jaime Whellock, Víctor Tirado, Carlos Núñez, Luis Carrión, Henry Ruiz y Bayardo Arce, estaban absolutamente seguros en que el pueblo nicaragüense les respaldaba. No podía ser de otra forma. Además, sus asesores pensaban que era imposible que la oposición antisandinista se uniera y para fomentar -aún más la ambición opositora, promulgaron una ley de amnistía que permitió a dirigentes contrarrevolucionarios (como Alfonso Robelo, Alfredo César, Azucena Ferrey y otros más) a regresar al país a participar en la justa electoral. El plan de los sandinistas era alimentar la división, pues los que resistieron los 10 años de sandinismo a lo interno del país, no necesariamente veían con *buenos ojos* a quienes se habían marchado a respaldar políticamente la lucha armada. Esa división, creían los sandinistas, era imposible de superar, lo que garantizaba 6 años más de gobierno de Daniel Ortega, quien concurría nuevamente como candidato con Sergio Ramírez Mercado para vicepresidente.

Para sorpresa de muchos y después de múltiples intentos y reuniones, surgió la débil Unión Nacional Opositora. De Unidad, lo único que existía –al inicio y casi al final también- era el primer nombre de la alianza. Era de lo más heterogéneo que se podía imaginar. Desde comunistas hasta conservadores. La UNO nacería en abril de 1989.

Eran básicamente, tres grupos en la coalición de 14 partidos políticos que se oponía a Daniel Ortega. 1) Las fuerzas que componían la Coordinadora Democrática que se abstuvo de participar en las elecciones de 1984: Partido Nacional Conservador, Alianza Popular Conservadora, Partido Liberal Constitucionalista, Partido Democrático de Confianza Nacional y el Partido de Acción Nacional. 2) Cuatro partidos que lo único que tenían en común era su concurrencia independiente en las elecciones de 1984: Partido Liberal Independiente, Partido Popular Socialcristiano, Partido Socialista Nicaragüense y el Partido Comunista de Nicaragua. 3) Tres *nuevos*: Partido Integracionista de América Central, Acción Nacional Conservadora, Partido Neo Liberal y dos *viejos*: Movimiento Democrático Nicaragüense y el Partido Social Demócrata, cuyos dirigentes -de estos dos últimos- habían estado ligado directamente con la conducción política de la oposición armada al régimen sandinista, Alfonso Robelo Callejas del MDN y Alfredo César Aguirre, antes del FSLN, después del Bloque Opositor del Sur y la Resistencia Nicaragüense y ahora en Nicaragua, en el Partido Social Demócrata.

Para unir las ideas, el proyecto electoral presentado por la UNO, llamado Plan *Azul y Blanco* se elaboró con la ayuda de los miembros del Consejo Superior de la Empresa Privada, y su principal autor, Enrique Bolaños Geyer. Desde esa posición, la figura de Bolaños – entonces presidente del COSEP- emergió como un posible candidato a la presidencia de la República; y se propuso como compañero de fórmula para vicepresidente, al doctor Virgilio Godoy Reyes, dirigente histórico del Partido

Liberal Independiente, viejo luchador antisandinista, ministro del Trabajo en el gobierno revolucionario hasta 1984 en que fue candidato a la presidencia. Esa fórmula era considerada como muy *confrontativa*. Surgió entonces la propuesta de tecnócratas del INCAE y de la denominada Comisión para la Recuperación y Desarrollo de Nicaragua (CODERNIC) y el apoyo del Partido Social Demócrata para que la candidata a la presidencia fuera Doña Violeta Barrios de Chamorro, propietaria del Diario LA PRENSA, viuda del Mártir de las Libertades Públicas, Pedro Joaquín Chamorro Cardenal y ex miembro de la Junta de Gobierno de Reconstrucción Nacional. Se buscaba una figura que aglutinara a la variopinta coalición opositora y que no estuviera ligada *directamente* a la dirigencia opositora de la contrarrevolución. Doña Violeta era percibida como una edición criolla de Cory Aquino de Filipinas.

A finales de agosto de 1989, el Consejo Político de la UNO se reunió para escoger al candidato a la Presidencia y después de cinco rondas de negociaciones, según el ingeniero Antonio Lacayo Oyanguren en su libro *La difícil transición nicaragüense*, doña Violeta Barrios de Chamorro obtuvo 7 votos; Virgilio Godoy Reyes 4 y Enrique Bolaños Geyer, 3 votos. Para ser nominado candidato de la UNO, se requería una mayoría calificada de 10 endosos de los 14 partidos de la coalición. Se postergó la escogencia para el 2 de septiembre de 1989. La novedad era que se votaría por formulas (presidente y vicepresidente), sabido que los números no variarían mucho de continuar como en el primer intento. Según Lacayo Oyanguren, al Doctor Virgilio Godoy lo respaldaban el Partido Liberal Independiente, Alianza Popular Conservadora, Partido Popular Socialcristiano y el Partido Comunista; a Enrique Bolaños Geyer, lo respaldaban el Partido Nacional Conservador, el Partido Liberal Constitucionalista y el Partido Democrático de Confianza Nacional. A Violeta Barrios de Chamorro, los restantes: Partido Socialista Nicaragüense, Partido Social Demócrata, Movimiento Democrático Nicaragüense, Partido Acción Nacional, Partido Neo Liberal, Partido Integracionista de América Central y Acción Nacional Conservadora. Al final, triunfó la formula integrada por doña Violeta Barrios de Chamorro y el doctor Virgilio Godoy Reyes. En sus memorias Lacayo Oyanguren revela que Emilio Álvarez Montalván, importante dirigente del Partido Conservador sugirió a Enrique Bolaños Geyer como Jefe de Campaña, cargo que ya había ofrecido doña Violeta al Ingeniero Lacayo Oyanguren. Años después, Enrique Bolaños Geyer afirmó en privado que dirigentes de 2 de los partidos que conformaban la UNO, llegaron a su residencia a solicitarle el equivalente a unos US$ 6 mil dólares para apoyar su candidatura frente a doña Violeta de Chamorro y el Dr. Virgilio Godoy Reyes. Bolaños Geyer rechazó la oferta.

Una vez instalado el gobierno de la presidenta Violeta Barrios de Chamorro el 25 de abril de 1990, después de la conocida repartición de bienes a los partidarios del FSLN, inició un gobierno que tuvo que soportar las zancadillas de quienes, al mando del *derrotado* Daniel Ortega Saavedra, cumplirían fielmente su promesa de *gobernar desde abajo,* en alusión al discurso del perdedor comandante del 26 de febrero de 1990, al reconocer en la madrugada y con llantos a su alrededor, la victoria de doña Violeta.

Los resultados finales fueron:

UNO	FSLN	MUR	OTROS ()
777,552	579,886	16,751	46,355
54.74 %	40.82 %	1.18 %	3.26 %

Posterior al triunfo de la presidenta Barrios de Chamorro, la participación política de Enrique Bolaños Geyer fue muy reducida, *tenía que trabajar, recordá que los sandinistas me habían quitado todo y lo que había aprendido a hacer era a programar computadoras*, me dijo Don Enrique. Vendría un nuevo capítulo en su existencia, el que lo llevaría por primera vez en su vida a ocupar un cargo público a través de la elección popular en la nueva Nicaragua, que respiraba aires de democracia nunca antes conocidos al *salir* del poder el FSLN y poco a poco afianzarse la administración de la presidenta Chamorro. Eso sería para Enrique Bolaños, la vicepresidencia de la República a partir del 10 de enero de 1997, a los 69 años de edad.

() **OTROS:** Partido Social Conservador, Partido Liberal Independiente de Unidad Nacional, Partido Revolucionario de los Trabajadores, Movimiento de Acción Popular Marxista-Leninista, Partido Social Cristiano, Partido Unionista Centroamericano, y Partido Conservador Demócrata de Nicaragua.

Y sólo si se aparta de sí mismo, saltará su propia sombra.
Friedrich Nietzsche

Capitulo III
A la sombra de Alemán

Para reflexionar sobre la vicepresidencia de Enrique Bolaños Geyer, hay que recordar la historia de dicha *institución* en Nicaragua, pues a través del tiempo, las *funciones* de los vicepresidentes de la República, han variado. En algún momento de la dinastía somocista, existieron hasta 3 vicepresidentes; en los años 50´s se les llamaba *designado a la presidencia* y eran miembros del Congreso Nacional (Poder Legislativo). Con el primer régimen sandinista a partir del 10 de enero de 1987, al vicepresidente electo junto al comandante Daniel Ortega, el Doctor Sergio Ramírez Mercado le fueron delegadas muchas responsabilidades, -de hecho- pues la Constitución Política de Nicaragua, en su artículo 145 resumía con claridad las funciones del mismo *El vicepresidente de la República desempeña las funciones que le señale la presente Constitución Política, y las que le delegue el presidente de la República directamente o a través de la ley. Asimismo sustituirá en el cargo al presidente, en casos de falta temporal o definitiva.* La Constitución no le asignaba al vicepresidente Enrique Bolaños ninguna función específica, así es que quedaba (y aun es así) al arbitrio de quien ejerciera la titularidad del Poder Ejecutivo, la delegación de funciones. Son muchos los analistas y ex funcionarios del primer gobierno del Presidente Daniel Ortega, los que afirman que el doctor Ramírez, (para quitarle parte de la responsabilidad por el desastre económico a Ortega) que ha sido el vicepresidente que más funciones ha tenido en la historia republicana de Nicaragua.

Interesante conocer que, en el Siglo XX y en lo que transcurre del Siglo XXI, quienes fueron vicepresidentes de la República de Nicaragua y llegaron a la presidencia, -por distintas razones- apenas son 4, de 38; Adolfo Díaz, Bartolomé Martínez, Juan Bautista Sacasa y Francisco Urcuyo Maliaños; el quinto sería

Enrique Bolaños Geyer. De los anteriores, Díaz llegó a la silla presidencial traicionando al presidente Juan José Estrada; Bartolomé Martínez, por la muerte de don Diego Manuel Chamorro; Juan Bautista Sacasa que salió de la vicepresidencia al exilio en 1925 con el *lomazo* del General Emiliano Chamorro, regresó *triunfante* al período presidencial iniciado en 1933, pero fue derrocado por su sobrino político, Anastasio Somoza García y el último, el doctor Francisco Urcuyo Maliaños, quien en julio de 1979 alcanzó a figurar como presidente de la República, por la renuncia del último Somoza y designación del Congreso Nacional en cámaras unidas, aunque fuera por muy pocas horas. Igualmente, poco se recuerda en la historia nacional a los miembros de la Junta de Gobierno que instaló Anastasio Somoza Debayle como producto de la Asamblea Nacional Constituyente en 1973, después del terremoto de diciembre de 1972 y donde los somocistas Alfonso Lovo Cordero y el General ® Roberto Martínez Lacayo junto al conservador Fernando Agüero Rocha integraron el triunvirato, con el General Somoza Debayle como Jefe Director de la Guardia Nacional de Nicaragua. Una vez disgustado Somoza con algunas manifestaciones públicas del firmante del *Pacto de la Nunciatura* y triunviro conservador, Fernando Agüero Rocha, éste fue sustituido por Edmundo Paguaga Irías. Igualmente, poco se recuerda que el doctor José Antonio Mora Rostrán, quien fuera ministro de la Gobernación del gobierno del General Anastasio Somoza Debayle, fue también triunviro de la Junta de Gobierno por un período de 3 meses en 1973, en sustitución de Alfonso Lovo Cordero. Uno de esos triunviros, el poco conocido conservador segoviano Edmundo Paguaga Irías, fue candidato del Partido Conservador frente al *victorioso* líder máximo del Partido Liberal Nacionalista, Jefe Director de la Guardia Nacional de Nicaragua y General de División, don Anastasio Somoza Debayle en 1974. Electo por 7 años en un período que hubiera culminado el 1 de mayo de 1981. La ambición del último Somoza de la dinastía se vio truncada por la revolución que vendría, se esperaba, a promover por primera vez en decenas de años, la democracia que muchos nunca habíamos conocido en la historia de Nicaragua. Tuvo que correr nuevamente la sangre para que los nicaragüenses eligiéramos libremente a quien dirigiría los destinos nacionales en una Nicaragua dividida, empobrecida y moralmente derrotada: doña Violeta Barrios de Chamorro; viuda porque a su esposo, Pedro Joaquín Chamorro Cardenal, le quitaron la vida, precisamente, por estorbar a quienes detentaban el poder.

Sobre los vicepresidentes en Nicaragua, el doctor José Rizo Castellón fue electo como vicepresidente del ingeniero Enrique Bolaños Geyer en noviembre del 2001; el ingeniero Enrique Bolaños Geyer con el Doctor Arnoldo Alemán Lacayo en octubre de 1996; y el doctor Virgilio Godoy Reyes con doña Violeta Barrios de Chamorro en febrero de 1990; todos ellos tuvieron en común (Godoy, Bolaños y Rizo) el que renunciaron para aspirar a la primera magistratura. Anteriormente, Sergio Ramírez Mercado, quien aspiró a la reelección a vicepresidente de Daniel Ortega en las elecciones de 1990, decidió probar suerte en las elecciones de 1996 con el disidente Movimiento Renovador Sandinista (MRS) quedando relegado junto a más de 18 candidatos. De todos ellos, (Ramírez Mercado, Godoy Reyes y Rizo Castellón) solo Bolaños Geyer alcanzó la banda presidencial. Un elemento en común que hace coincidir al ex presidente Enrique Bolaños Geyer con el ex vicepresidente del comandante Daniel Ortega, licenciado Jaime Morales Carazo, fue el que ambos fueron Jefes de Campaña del doctor Arnoldo Alemán Lacayo y que ambos derrotaron a Daniel Ortega.

De cara a las elecciones generales del 20 de octubre de 1996, en diciembre de 1994 el Partido Liberal Constitucionalista (PLC) liderado por el entonces Alcalde de la ciudad de Managua, doctor Arnoldo Alemán Lacayo, quien no ocultaba sus pretensiones presidenciales y ante la proliferación de partidos políticos alentados por el FSLN y Daniel Ortega para dividir a los partidos antisandinistas, formó la Alianza Liberal (AL) con los partidos Neoliberal (PALI), Liberal Independiente de Unidad Nacional (PLIUN) y el Partido Liberal Nacionalista (PLN), éste último heredero histórico del somocismo, conformado por un reducido número de nostálgicos y olvidados dirigentes de la dictadura. Posteriormente se sumaron a la Alianza Liberal, el

Partido Unionista Centro Americano (PUCA), otros grupos conservadores, socialcristianos, socialdemócratas, y un sinnúmero de pequeñas agrupaciones, que aisladamente no representaban mucho y que unidos al PLC tampoco, pero que daban la impresión de una alianza amplia antisandinista, tal como las encuestas consideraban se necesitaba para volver a derrotar a Daniel Ortega, el mismo candidato que los sandinistas propondrían para enfrentarse al alcalde Arnoldo Alemán Lacayo.

El 4 de octubre de 1995, Bolaños Geyer fue designado por el doctor Arnoldo Alemán Lacayo y la dirigencia del PLC y la Alianza Liberal como Jefe de Campaña, precisamente para el mismo cargo que le había propuesto el doctor Emilio Álvarez Montalván a la candidata Violeta Barrios de Chamorro en las elecciones de 1990. Esta vez si aceptaría Enrique Bolaños Geyer la jefatura de campaña, aunque por pocos meses, pues el 8 de mayo de 1996, fue electo candidato a la vicepresidencia de la República, con el doctor Alemán Lacayo como candidato presidencial, y que al final resultó la formula victoriosa en las elecciones del 20 de octubre de 1996.

La fórmula Alemán-Bolaños se impuso con el 51% de los votos a Daniel Ortega Saavedra, quien llevaba como candidato a la vicepresidencia al productor Juan José Caldera, un señor de bastante edad que había sido confiscado en la década revolucionaria por el mismo régimen sandinista y que mostraba a un Ortega en reconciliación con sus antiguos adversarios, en este caso, la empresa privada de dónde provenía Caldera Lacayo.

Miguel Obando y Bravo, ungido Cardenal por la Santa Iglesia Católica y Su Santidad Juan Pablo II en 1985, por su firmeza ante la *iglesia popular* que los sandinistas impulsaba, jugó un papel importante, más bien dicho, determinante, otra vez, en la política nacional.

En la crónica del periodista Luis Galeano de *El Nuevo Diario* en su edición del 23 de julio de 1996, relata que el Cardenal Miguel Obando y Bravo, vistiendo sus oficios sacerdotales, utilizó un pasaje de la Biblia para atacar fuertemente al candidato a la presidencia por el Frente Sandinista, Daniel Ortega, al indicar que éste *cuando pide perdón es como un falso profeta que vestido de piel de oveja, se vuelve un lobo feroz y por sus frutos los conocerán* (sic). Obando dijo estas palabras después de concluir la misa en la Catedral Metropolitana, evento durante el cual condenó la ridiculización de los *símbolos sagrados* de la religión católica en manifestaciones políticas, como la celebración del 22 Aniversario de la revolución sandinista, en la cual una persona se presentó a la plaza con una mitra rojinegra, un báculo y un cáliz para tomar licor. *Yo no lo pude oír todo (el discurso de Ortega) por mis múltiples ocupaciones, pero bueno, recuérdese lo que dice el Evangelio, cito textualmente lo que dice el evangelio aparecerán falsos profetas que vestidos de piel de oveja, se vuelven lobos feroces y por sus frutos los conocerán. Hay que ver los frutos de las personas del pasado y el presente y discernir cuáles serán los frutos del futuro,* dijo el entonces líder de la Iglesia Católica al referirse al perdón que pidió Ortega públicamente en la celebración del vigesimosegundo aniversario de la revolución el 19 de julio de 2001 a todas las personas que habían sido ofendidas *directa e indirectamente.*

Esto quiere decir que el señor Daniel Ortega no está diciendo la verdad o está mintiendo al pueblo cuando pide perdón, le increpó el periodista Galeano al Cardenal Obando, a lo que el purpurado contestó: *le vuelvo a citar, que he citado un texto de las Sagradas Escrituras, que ese nos debe servir de orientación, ver los frutos, qué frutos se han producido en el pasado, en el presente y discernir cuáles serán los frutos del futuro.* El periodista señaló que, aunque el Cardenal Obando y Bravo había dicho en múltiples ocasiones que la Iglesia Católica era apartidista, ésta era la segunda vez que durante un proceso electoral arremetía contra el Frente Sandinista. Su antecedente había sido el *viborazo* de las elecciones de 1996, cuando en medio de una homilía exhortó -por medio de una *parábola inventada*- al pueblo católico a no darle una nueva oportunidad al Frente Sandinista y a votar por la Alianza Liberal que llevó al poder a Arnoldo Alemán como presidente y a Enrique Bolaños como vicemandatario.

Con su moderna grabadora en las manos, el líder de los católicos dijo que, aunque no podía juzgar si el arrepentimiento de Ortega era verdadero o no, indicó que *en la misma Escritura conocemos a personas que se arrepintieron, la misma Magdalena (según la Biblia, una meretriz) parece que se arrepintió cuando rompió el vaso de perfume y lava los pies de Cristo y se enjuga con sus cabellos, un arrepentimiento profundo, el cambio de vida, si hay un cambio vida radical, entonces se cree, pero hay que ver los frutos.* En ese mismo sentido dijo *que lo que enseñaba la doctrina de la iglesia era que si una persona le robaba a otra, había faltado al séptimo mandamiento que ordenaba no hurtar. Cuando la persona que robó se va adonde el Padre y le confiesa su robo, el párroco que confiesa le dirá: si usted robó, devuelva a esa persona lo que ha robado.* Al preguntarle al prelado la posición de la iglesia católica sobre la utilización de sus símbolos por una persona durante la celebración sandinista, éste manifestó que *yo le diría que hay feligreses molestos y si quieren una opinión mía, pues recuerde que cuando vino el Papa (en 1983) se le faltó el respeto a la Eucaristía y el Papa mismo me decía 'a mí lo que me duele es el irrespeto a la Eucaristía, no tanto a mi persona' bueno, pues, son las mismas personas que le faltaron al respeto al Papa, las que hoy repiten esos hechos,* en alusión a los simpatizantes del FSLN.

Obando no fue claro al responder si la jerarquía de Iglesia Católica protestaría formalmente ante el Frente Sandinista por la ridiculización de los símbolos de esa religión en el acto del 19 de julio de ese año (2001), sin embargo admitió que *hay muchos feligreses que se muestran muy molestos, y yo no sé si la jerarquía estará molesta, pero la jerarquía siempre va con mucha madurez, escucha a los feligreses y los noto molestos, y hemos recibido también hasta una carta del candidato del PLC, el ingeniero Enrique Bolaños,* dijo. ¿Va haber una carta formal de protesta?, se le insistió a Obando y respondió que *nosotros vamos analizando las cosas. Analizamos los pro y los contra, la conveniencia, el momento, analizamos las cosas.* ¿Teme la iglesia que se reedite la actuación del Frente Sandinista en la década de los 80?, fue otra de las interrogantes que se le hizo al líder católico, ante la cual señaló que *la Iglesia siempre está en las manos de Dios y no le teme a nadie. Nosotros observamos, hay que observar los frutos y vamos discerniendo.* Obando también coincidió con las declaraciones que Monseñor Silvio Fonseca brindó a un medio local, en las que afirmó que los diez años de gobierno sandinista fueron de esclavitud para el pueblo de Nicaragua. *Usted sabe que hubo dificultades. En lo económico muy mal... hicimos colas, y yo mismo durante el régimen sandinista no pude conseguir una tarjeta para hacer cola, porque dieron como respuesta que no me conocían en Managua,* dijo Obando. Ante el rumor que se había desatado de una posible audiencia que le solicitaría el candidato Daniel Ortega, Obando dijo que siempre y cuando el factor tiempo se lo permitiera, él atenderá a cualquier persona *sea amiga o no sea amiga.* Para finalizar, el Cardenal Obando hizo público su deseo que de ganar el Frente Sandinista las elecciones no se repitiera la persecución contra la Iglesia Católica *porque si ellos llegan al poder, como Iglesia mantendríamos relaciones respetuosas hasta donde se pueda, porque si el pueblo elige a don Daniel y las elecciones son justas y transparentes, creo que todos tenemos la obligación de reconocerlos y respetarlos mientras haya un respeto mutuo y un respeto al pueblo.* Eso pensaba el Cardenal Miguel Obando y Bravo a mediados del año 2001. 6 años después, el ex Arzobispo capitalino –ya retirado de toda actividad oficial de la Iglesia Católica al haberse aceptado su renuncia como Obispo- formaría parte del gobierno de Ortega Saavedra en su nuevo mandato, como Presidente de la Comisión de Reconciliación que le organizó el gobierno sandinista.

Por eso no era extraño que Obando y Bravo enviara sus mensajes directos a la población, sabiendo la influencia de la Iglesia Católica en el pueblo nicaragüense. Obando y Bravo ya había sido determinante en el mensaje público transmitido por radio y televisión un día antes de las elecciones del 20 de octubre de 1996. El Arzobispo capitalino había pronunciado una parábola sobre una víbora que inventó, púes los acuciosos estudiosos de la biblia y sagradas escrituras, nunca encontraron en todas las versiones que buscaron, la historia del chontaleño Príncipe de la Iglesia ungido por Su Santidad Juan Pablo II en los días aciagos de la confrontación entre la Iglesia tradicional y obediente a la Roma de Pedro, enfrentada con la corriente desafiante de los Teólogos de la Liberación que encarnaban los curas suspendidos Miguel Escoto, Ernesto y Fernando Cardenal y Enrique Parrales. Todos estos curas ocupaban cargos en el primer gobierno sandinista de Ortega Saavedra. Muchos atribuían el haber obtenido el cardenalato a Monseñor Obando y Bravo, por su firmeza en defensa –en los años 80´s- de la iglesia tradicional que era atacada día y noche por el FSLN. Fue pues entonces, que el Cardenal Miguel Obando y Bravo frente a los candidatos a la presidencia, incluyendo al silencioso Daniel Ortega Saavedra, vestido de blanco y lleno de esotéricos mensajes, que narró el cuento que inventó con claros propósitos de influenciar el voto de la grey católica, que atenta esperaba el mensaje de su entonces pastor y guía espiritual, que más claro, no podía haber sido: dijo Obando y Bravo *Caminando por el campo, vieron en el camino que estaba una víbora; la víbora parecía que se estaba muriendo a causa del frío. Uno de aquellos hombres dijo: 'Se está muriendo esta víbora por causa del frío, creo que si le damos un poco de calor no morirá,* y Prosiguió El compañero le dijo: *Ten cuidado, porque yo creo que esta víbora ya mató a alguien, porque salía de ese hueco y mató a fulanito de tal. Aquel dijo: Las circunstancias han cambiado, esta víbora no me hará nada, yo le voy a dar calor. Se agachó, tomó en las manos la víbora, la metió en su pecho para darle calor, y cuando le había dado calor, la víbora lo mordió y lo mató.* Al día siguiente, Arnoldo Alemán Lacayo y Enrique Bolaños Geyer ganaban la elección presidencial.

El Cardenal Obando y Bravo, ya retirado de las responsabilidades espirituales por voluntad del Santo Padre que lo elevó al colegio cardenalicio en uno de sus últimos actos en vida al aceptarle la renuncia como Arzobispo de la Arquidiócesis de Managua, siguió haciendo de las suyas, aunque con menos influencia al sentarse frecuentemente a la par de la pareja presidencial . *A la patria sólo se la salva pensando en* grande. Y te lo pedimos Señor, decía el retirado Arzobispo chontaleño, quien administra también una Universidad privada denominada Universidad Católica. Obando y Bravo, por esas casualidades de la vida, había nacido en el mismo pequeño pueblo de La Libertad, Departamento de Chontales, al igual que su nuevo jefe terrenal, el Presidente Daniel Ortega Saavedra.

En las mismas elecciones en que el ingeniero Enrique Bolaños Geyer fuera electo vicepresidente de la República en octubre de 1996, su hermano Nicolás Bolaños Geyer resultó electo diputado por el partido Conservador del que fuera candidato a la vicepresidencia, como compañero de fórmula del doctor Noel Vidaurre Arguello, ex viceministro de Cooperación Externa del gobierno de la presidenta Violeta Barrios de Chamorro, de quien era su sobrino. Vidaurre Arguello y Nicolás Bolaños Geyer, obtuvieron el 2.26 % de los votos válidos.

Cuando alguien asume un cargo público, debe considerarse a sí mismo como propiedad pública.
Thomas Jefferson

Primer cargo público de elección

El 10 de enero de 1997, 19 años después del asesinato del Mártir de las Libertades Públicas, doctor Pedro Joaquín Chamorro Cardenal, su viuda, doña Violeta Barrios de Chamorro entregaba al doctor Arnoldo Alemán Lacayo la banda presidencial recibida de Ortega Saavedra, el 25 de abril de 1990. La Nicaragua que heredaba al doctor Arnoldo Alemán

Lacayo y su vicepresidente, Enrique Bolaños Geyer era entonces muy diferente. La guerra era historia; la estabilidad monetaria del córdoba, la moneda nacional a un tipo de cambio de C$ 11 x C$ 1 contrastaba con el tipo de cambio de la época en que ella asumió el gobierno: C$ 4 millones x C$1; poco a poco, Nicaragua había venido cambiando, especialmente en lo relativo al respeto a las libertades públicas, la reconciliación nacional, la libertad económica y al fomento a la incipiente inversión extranjera. Daniel Ortega y sus diputados, no asistieron a la investidura como presidente del doctor Alemán Lacayo, alegando que los comicios electorales se habían desarrollado con *irregularidades* y acusando a los liberales de haber cometido fraude. Tampoco, asistirían los sandinistas a la toma de posesión del presidente Enrique Bolaños Geyer en enero del 2002, aduciendo lo mismo: fraude electoral. Aún había muchos problemas que resolver, como el tema de la propiedad y las confiscaciones realizadas al amparo de la revolución, así como la urgente necesidad de generar empleos, la condonación de una importante parte de la deuda externa acumulada en la época revolucionaria, entre otras calamidades como la falta de salud, educación y otras demandas de la población que gozaba de libertad, sin guerra ni dictaduras, pero sin trabajo ni bienes materiales. Ese era el principal reto de los liberales que asumían la presidencia en enero de 1997 encabezados por Arnoldo Alemán Lacayo. En el Gobierno del doctor Arnoldo Alemán Lacayo, el vicepresidente Enrique Bolaños Geyer mantuvo un perfil *discreto*, tanto por las limitadas atribuciones del puesto, como por su personalidad. Alejado de la primera línea que muchos preferían, se dedicó a cumplir con las responsabilidades que le asignó el presidente Arnoldo Alemán, proyectando siempre su imagen de hombre recto, empresario honesto y con sentido social y comprometido con su país, virtud esta que cobró relieve a medida que otros miembros del ejecutivo eran acusados, con cada vez más insistencia, de enriquecerse ilícitamente al amparo del poder público, especialmente a raíz del desastre ocasionado por el huracán Mitch a finales del año 1998.

Mientras el presidente Alemán Lacayo tuvo que renunciar a muchas de sus propuestas económicas de índole fondomonetarista ante la beligerancia del FSLN en la oposición, desde la vicepresidencia de la República, el ingeniero Bolaños Geyer impulsó el Programa de Reforma y Modernización del Sector Público, que salió adelante como proyecto de ley. También inspiró los decretos sobre Normas de Ética del Servidor Público del Poder Ejecutivo y sobre la separación de las funciones de la Procuraduría General de Justicia. Durante la emergencia nacional provocada por el paso del huracán *Mitch*, el vicepresidente Bolaños Geyer fue el delegado del Gobierno para el manejo de las ayuda internacional y para presidir el Comité Nacional de Emergencia. Posteriormente, interesado en el tema, y vista la fragilidad estatal para atender situaciones como las vividas ante la furia de la naturaleza, Enrique Bolaños Geyer se propuso trabajar –y lo logró- en la promulgación de la Ley del Sistema Nacional de Prevención, Mitigación y Atención de Desastres Naturales. Esa fue también una oportunidad única, para que Bolaños valorara de cerca el trabajo que realizaba el Ejército de Nicaragua en tiempos de paz, lo que fuera determinante para que -poco a poco-, quien había dicho que prefería una Nicaragua sin Ejército, reconociera el trabajo que realizaban los militares al servicio de la nación y no de un partido, como había sido lo común en la dictadura de los somozas y en los 10 años del primer gobierno de Daniel Ortega Saavedra. Sin lugar a dudas, fue la oportunidad providencial para que Bolaños Geyer iniciara su *reconversión filosófica,* sobre la necesidad de un ejército profesional, a-partidario, disciplinado y al servicio de todos los nicaragüenses y que fue uno de los bastiones en que se apoyó, una vez alcanzó la presidencia.

Después de saber cuándo debemos aprovechar una oportunidad,
lo más importante es saber cuándo debemos renunciar a una ventaja
Benjamín Disraeli

Renuncia a la Vicepresidencia

El 6 de octubre del año 2000, un poco menos de 4 años después de jurar como vicepresidente de la República, el ingeniero Enrique Bolaños Geyer renunciaba ante la Asamblea Nacional a su cargo, para tratar de romper el *maleficio* de los vicepresidentes que renunciaban y pretendían alcanzar el solio presidencial. La renuncia fue aceptada el 25 de octubre por la Asamblea Nacional con 79 votos y eligió como nuevo vicepresidente, al miembro del PLC y fundador del Movimiento Liberal Constitucionalista, el médico Leopoldo Navarro Bermúdez, quien fuera respaldado por 52 votos para servir como nuevo vicepresidente de la República, en sustitución del ingeniero Enrique Bolaños. Según reportara el Diario LA PRENSA en su nota del día siguiente, *una fuente del gobernante Partido Liberal Constitucionalista (PLC), que prefirió el anonimato, aseguró que Bolaños se quedará con el deseo de ser candidato presidencial, porque sus correligionarios le dieron la espalda respecto a sus aspiraciones presidenciales. Nuestro informante indicó que a Bolaños le aconsejaron que no renunciara a su cargo, porque no contaba con el apoyo de los liberales que no le perdonan su origen conservador por lo cual, se quedó sin la vicepresidencia y sin el escaño en el parlamento como suplente de Arnoldo Alemán, que tenía garantizado con las reformas constitucionales* rezaba la nota firmada por la entonces periodista de dicho rotativo, Consuelo Sandoval.

En esa misma sesión, la Asamblea Nacional, los diputados también eligieron como nuevo Presidente de ese poder del Estado, al liberal masatepino, Oscar Moncada en sustitución del doctor Iván Escobar Fornos, abogado oriundo de Masaya, la misma ciudad de Enrique Bolaños, que también tenía aspiraciones presidenciales. Previo a la votación para aceptar la renuncia del ingeniero Enrique Bolaños Geyer, los legisladores sandinistas lanzaron fuertes cuestionamientos contra éste porque, según dijeron, intentó erigirse *como zar y paladín de la lucha contra la corrupción, de presidir el decorativo Comité de Integridad Moral que nunca hizo nada contra los actos ilícitos cometidos por funcionarios públicos.* También acusaron al renunciante vicepresidente Bolaños Geyer *de presidir las Juntas Directivas de las estatales empresas ENEL, Enitel y Petronic, instituciones que más fueron señaladas por escándalos de corrupción, tal es el caso de las indemnizaciones millonarias y los checazos,* dijeron en esa oportunidad. Bolaños no hizo referencia a las acusaciones de los legisladores del FSLN y más bien anunció que, en cumplimiento al ordenamiento jurídico, presentaría su Declaración de Probidad ante la Contraloría General de la República como exigía la ley respectiva al cesar en sus funciones como vicepresidente.

En honor a la verdad histórica, quien escribe estas notas debe confesar que las afirmaciones brindadas anónimamente por una fuente liberal a la periodista de LA PRENSA de que *a Bolaños le aconsejaron que no renunciara a su cargo porque no contaba con el apoyo de los liberales que no le perdonan su origen conservador* no era descabellada. Al contrario, Enrique Bolaños Geyer no era bien visto por los allegados más cercanos al presidente Arnoldo Alemán Lacayo, tal como pude constatar en Paris en ocasión de una visita presidencial en que participé en mi calidad de Director General de Europa del Ministerio de Relaciones Exteriores y que me permitió escuchar y presenciar duros criterios vertidos contra el entonces vicepresidente Enrique Bolaños Geyer por allegados al presidente Alemán Lacayo. Fue en Barcelona en julio del 2000, poco antes de que el ingeniero Bolaños Geyer presentara su renuncia a la vicepresidencia, que le expresé a su fiel Secretaria General en la vicepresidencia y colaboradora cercana, Vilma Rosa León-York mis reservas sobre las posibilidades reales que tendría don Enrique Bolaños de ser designado candidato presidencial por el Partido Liberal Constitucionalista. Estaba equivocado. Bolaños iba, como siempre, Contra la Corriente.

El hombre bien preparado para la lucha, ya ha conseguido medio triunfo.
Miguel De Cervantes

Capítulo IV
Contra la corriente

Por grande que sea el puesto, ha de mostrar que es mayor la persona
Baltasar Gracián

En búsqueda de la candidatura

Una vez de regreso a la *llanura* al haber renunciado a la vicepresidencia de la República, a Enrique Bolaños le tocaba la tarea de ganarse la candidatura. Era el primer paso y el primer obstáculo que debía superar en su propósito por remplazar al Doctor Arnoldo Alemán Lacayo en la Primera Magistratura de la Nación. No sería fácil. En retrospectiva, más de 14 años después, hay quienes afirman que en esa época (2000) había sido el período donde más se practicó la democracia interna en un partido político desde 1990, en este caso, en el Partido Liberal Constitucionalista (PLC). Igual cantidad de opiniones dicen lo contrario y aseguran que a Enrique Bolaños lo puso *de dedo* el doctor Arnoldo Alemán Lacayo. Lo cierto es que hubo 5 precandidatos a la presidencia a lo interno del PLC. Enrique Bolaños entraba con los *pies inflamados* a la contienda: era el de más reciente afiliación al partido, el más veterano (en edad) de los candidatos; pinche (tacaño) como él solo y había sido vicepresidente del Doctor Arnoldo Alemán Lacayo, a quienes los medios de comunicación atacaban sin piedad acusándolo tanto a él como a funcionarios de su gobierno, por actos de corrupción. Era pues, difícil la tarea para Enrique Bolaños. *Y muy vulnerable,* decían otros al recordar sus 4 años al *lado o a la sombra* de Alemán Lacayo.

45

Enrique Bolaños diría tiempo después a quien escribe, que entre los pre-candidatos a la presidencia, se consideraba como los *más débiles* al entonces joven ex ministro de Cooperación Externa, David Robleto Lang y al abogado Iván Escobar Fornos (a quienes muchos señalaban como el *preferido* del presidente Alemán Lacayo). Los otros tres eran el intelectual liberal doctrinario doctor José Rizo Castellón, quien tenía como *inconveniente* el haber adquirido la nacionalidad chilena en el exilio forzado en la década sandinista y que, supuestamente, corría el riesgo de que el Consejo Supremo Electoral pudiera *descalificarlo* como candidato presidencial, aunque inexplicablemente, quienes argumentaban dicha razón para no respaldarle, consideraban que no le *afectaría* como candidato a la vice presidencia, lo que era una incongruencia. Rizo Castellón era –junto a Alemán Lacayo, el doctor José Antonio Alvarado (alejado en el 2001 del PLC y pre-candidato a vicepresidente de la República por el partido Conservador con –otra vez- el doctor Noel Vidaurre Arguello como candidato) y el arquitecto Lorenzo Guerrero (q.e.p.d.), quienes habían *revivido* al Partido Liberal Constitucionalista. El otro precandidato era Eduardo Montealegre Rivas, quien se había marchado de Nicaragua desde antes de la revolución sandinista y miembro del Partido Liberal Constitucionalista, quien no era no tan conocido en las bases. La participación de Montealegre era reciente y más bien se resumía en su exitoso desempeño como Canciller de la República (1999-2000) y como ministro de la Presidencia (1997-1998) en la administración del presidente Alemán Lacayo. Era además, el más joven de los precandidatos: 45 años.

Bolaños apuntaba a que, durante los 10 años de *revolución* sandinista, él se había quedado en el país dando la batalla frente al leviatán totalitario y le habían confiscado todos sus bienes y a pesar de ello, no abandonó su Patria. Recordaba Bolaños Geyer que, múltiples veces había sido agasajado y honrado con distinciones y reconocimientos a lo largo y ancho del país en su calidad de dirigente empresarial. Pero Bolaños Geyer sabía también, que no era el preferido del líder del PLC.

Conocedores y cercanos   afirmaban que Arnoldo Alemán Lacayo prefería al otro candidato masaya, Escobar Fornos. Incluso, hay quienes aseguraban que la idea del doctor Alemán Lacayo era juntar a Escobar Fornos como candidato a la Presidencia y David Robleto Lang como vicepresidente; pero los votos de los convencionales reunidos el 14 de enero del 2001 en su hacienda *El Chile*, no le daban. Tampoco los votos reunidos por Bolaños sumaban lo suficiente para ganar; ni los de Eduardo Montealegre, ni los de José Rizo. Se necesitaban pues, *arreglos internos* en los que el mandatario Alemán Lacayo trataría de incidir. Enrique Bolaños Geyer me dijo que, ante los rumores escuchados de que el otro fuerte pre-candidato Eduardo Montealegre Rivas anunciaría que su compañero de fórmula sería el líder norteño Jaime Cuadra Somarriba (ex compañero de colegio de Bolaños Geyer), éste solicitó a Eduardo Montealegre una reunión privada en la que cada uno de los precandidatos llevó a un acompañante. Bolaños Geyer – me afirmó- le explicó a Montealegre lo que él consideraba como fortalezas en su candidatura: no tenía ninguna pretensión de dominar su partido más allá del periodo presidencial y juntos, alcanzaban los votos de los convencionales liberales; Eduardo Montealegre era joven y en las posiciones que había estado en la administración pública (Ministro de la Presidencia y Ministro de Relaciones Exteriores) no había tenido la oportunidad de que la población apreciara su trabajo; y que juntos, Bolaños y Montealegre, no había quien los derrotara en la escogencia que harían días después los convencionales del Partido Liberal Constitucionalista de forma *secreta* en la finca del doctor Alemán Lacayo. *Vos serías el próximo presidente* le dijo Bolaños Geyer a Montealegre Rivas, un joven exitoso en la banca y las finanzas. *Muy joven* dicen que habría dicho el doctor Alemán Lacayo. Eduardo Montealegre era el más joven de los precandidatos, nació en Managua el 9 de mayo de 1955, hijo primogénito de Eduardo Montealegre Callejas y María Amanda Rivas Navas. Obtuvo una licenciatura en Economía de Brown University en 1976 y posteriormente obtuvo una Maestría en Administración de Empresas con énfasis en Finanzas y Planificación Estratégica en la Universidad de Harvard. Inició su

12

carrera profesional en 1976 en el Banco Central de Nicaragua, donde desempeñó los cargos de Asistente del Director del Fondo Especial de Desarrollo y Asistente del Presidente, trasladándose al cabo de dos años, al Grupo BANIC como Gerente de la Corporación. La situación política de la década de los 80 lo obligó a radicarse en los Estados Unidos. Trabajó para la firma Shearson Lehman Hutton, llegando a ocupar el cargo de vicepresidente del grupo de banca de inversiones. Con el éxito obtenido, decidió independizarse y establecer en Miami, Florida, formando su propia compañía de Asesoría Financiera, Montealegre & Co. y paralelamente, desempeñando múltiples cargos relacionados con el mundo financiero. Regresó a Nicaragua en 1991, desempeñándose como gerente general del Banco de Crédito Centroamericano, S.A. (BANCENTRO), hasta octubre 1997, cuando fue invitado a hacerse cargo del Ministerio de la Presidencia en el gobierno liberal de Arnoldo Alemán, cargo que ocupó hasta septiembre de 1998, en que fue nombrado Ministro de Relaciones Exteriores. Todo eso hacía a Enrique Bolaños considerar como su mejor opción para la vicepresidencia a Eduardo Montealegre, quien escuchó atentamente la propuesta: *Quiero que seas mi vicepresidente*, le dijo. Montealegre venía preparado, pues él pensaba que su juventud y entusiasmo era suficiente para gozar del respaldo de los convencionales del PLC y le devolvió la propuesta a Bolaños Geyer ofreciéndole la candidatura a primer diputado. Bolaños Geyer argumentaría que él se había quedado en Nicaragua y que desde la vicepresidencia de la República había aprendido a conocer la maraña y los vericuetos de la administración en el Poder Ejecutivo y que él tenía una misión y un deseo de impulsar, por lo que en sus planes no consideraba que la contraoferta de Eduardo Montealegre era lo mejor para su carrera política. Ahí quedaba pues la plática de ambos precandidatos a la presidencia. Montealegre Rivas anunciaría –pocos días después- a su compañero de fórmula: Jaime Cuadra Somarriba. Bolaños Geyer no tenía nada asegurado pues los números y los votos de los convencionales no eran los suficientes para obtener la candidatura. Sólo tenía una única otra opción, me aseguraría Enrique Bolaños –años después- ya alejado de la política en la tranquilidad de su casa: el doctor

José Rizo Castellón, a quien trataría de convencer de que su candidatura a vicepresidente no era tan *temida* por Alemán Lacayo como lo era a la presidencia. Bolaños le hizo el mismo cuento a José Rizo, (de la llanta de repuesto y la candidatura a Presidente en el 2006). Rizo Castellón era liberal desde su nacimiento, como afirmara siempre y cuando podía hacerlo. Había nacido en una familia jinotegana de clase media vinculada a la producción en el campo, especialmente con el cultivo del café. Su padre, el medico jinotegano, doctor Simeón Rizo Gadea había sido diputado durante muchos años por el Partido Liberal Nacionalista en la primera mitad del siglo XX. Rizo Castellón se había recibido como abogado en la Universidad Centroamericana (UCA) y era también productor cafetalero. Había realizado estudios posteriores en Ciencias Políticas, Derecho Internacional y Leyes Económicas en Francia e Inglaterra. Rizo Castellón tenía una amplia y vasta carrera profesional y en la administración pública. Había desempeñado los más altos cargos en su Partido Liberal Constitucionalista del que siempre recordaba, había sido su único refugio partidario, habiendo desempeñado como Presidente Departamental de Jinotega; Tesorero Nacional; Secretario Nacional; Primer Vicepresidente y Presidente Nacional, algo que los otros precandidatos a la Presidencia, Enrique Bolaños, Eduardo Montealegre, Iván Escobar o David Robleto Lang no habían alcanzado. Rizo Castellón había sido además, Jefe de Campaña en Jinotega en dos oportunidades (1996 y 2000), ocasiones en las que el PLC ganó en todos los municipios del norteño departamento. Además, había sido Vicepresidente de la Internacional Liberal y fungido como Subdirector de Protocolo del Ministerio de Relaciones Exteriores; Subdirector Nacional de Turismo; Jefe de Misión con Rango de Ministro en la Embajada de Nicaragua en Londres; Representante de Nicaragua ante Organizaciones Internacionales del Café, Azúcar y Cacao en Londres y Ginebra, todo esto en las administraciones liberales anteriores al triunfo revolucionario de 1979; ya de regreso al país en los años 90´s, fue Secretario del Alcalde Municipal de Managua, Doctor Arnoldo Alemán; presidente del Instituto Nicaragüense de Fomento Municipal (INIFOM) y de la Comisión

Sectorial para la Descentralización desde donde había impulsado el fortalecimiento de los gobiernos municipales. Bolaños Geyer le hizo la misa oferta: vicepresidente. Rizo aceptó y ambos ganaron la nominación presidencial a lo interno del PLC. La votación fue secreta y las maniobras que pudiera haber impulsado el presidente Alemán Lacayo fueron reducidas por el acuerdo alcanzado por Bolaños y Rizo, según me afirmara el ingeniero Bolaños Geyer. Ganó Bolaños y Rizo a Eduardo Montealegre y Jaime Cuadra. Eso fue el 14 de enero del 2000 en la Hacienda *El Chile* del presidente Alemán Lacayo quien supuestamente vio frustrada su idea de la candidatura del jurista Iván Escobar Fornos, quien se conformó con una Magistratura de la Corte Suprema de Justicia, de la que llegaría a ser su Presidente años más tarde. Montealegre Rivas, quien era 3er. vicepresidente del PLC fue seleccionado posteriormente como candidato a diputado, pero cedió su postulación a un dirigente de la juventud del PLC, para ser posteriormente el exitoso Jefe de Campaña del triunfante Enrique Bolaños Geyer y su posterior Ministro de Hacienda y Crédito Público y Secretario de la Presidencia, además de Coordinador del Gabinete de Gobierno, antes de renunciar para nuevamente, buscar la presidencia de la República en las elecciones de noviembre del 2006, ya con el liberalismo dividido, lo que tanto anhelaba Daniel Ortega Saavedra.

Las crónicas periodísticas y las especulaciones no fueron pocas alrededor del proceso celebrado el domingo 14 de enero, en donde 411 convencionales del Partido Liberal Constitucionalista se presentaron muy temprano a la hacienda propiedad del presidente de la República Doctor Arnoldo Alemán Lacayo, para designar la fórmula electoral que se enfrentaría al candidato de siempre del FSLN, el comandante Daniel Ortega Saavedra. Cuentan que los convencionales permanecieron en una cancha deportiva a las orillas de un antiguo beneficio de café. Había toldos blancos y en las afueras tres mesas para el refrigerio: en una servían café, en otra jugo de naranja y en la tercera, refrescos embotellados y agua helada. Las medidas de seguridad fueron extremas; se permitió el acceso a un equipo de televisión de la presidencia y a uno de los fotógrafos presidenciales. A la hora de la votación, el presidente Honorario del PLC, el doctor Alemán Lacayo informó que habría un *receso* de veinte minutos, pero a los diez minutos el mismo caudillo del PLC invitó a los convencionales a que reingresaran al improvisado recinto para decirles que el conteo de los votos ya se había sido realizado y que únicamente había un voto anulado, que era precisamente de él, *porque yo voté por los tres candidatos* (en referencia al Ingeniero Enrique Bolaños Geyer, el Licenciado Eduardo Montealegre Rivas y el Doctor Iván Escobar Fornos). Minutos antes, David Robleto Lang había abandonado la contienda.

Después de escalar una montaña muy alta, descubrimos que hay muchas otras montañas por escalar
George Bernard Shaw

Bolaños, candidato

Enrique Bolaños Geyer aceptó *oficialmente* la nominación presidencial de parte del Partido Liberal Constitucionalista el 28 de enero del 2001 en el Centro de Convenciones *Olof Palme* ante la presencia de muchos de sus seguidores, así como del entonces presidente de la República y líder indiscutible del PLC, doctor Arnoldo Alemán Lacayo. El discurso de Enrique Bolaños Geyer, su primer discurso como candidato oficial del Partido Liberal Constitucionalista, iba a ser analizado por sus críticos y adversarios con mucha atención, por lo que Enrique Bolaños se preparó y fue muy culdadoso en sus palabras, aunque bastante claro en asuntos de fondo. Eso era lo que importaba. No era fácil. La sombra del líder del partido, era tan amplia como su volumen físico y como el control que mantenía en las estructuras partidarias, lo que podía revocar en *cualquier momento,* cualquier candidatura, incluyendo la de Bolaños.

Bolaños Geyer estaba *montado en el macho* y no tenía otra opción más que *jinetearlo,* siendo así fue que dijo su primer discurso como candidato (no inscrito) a la presidencia de la

51

República y que concluyó con los sonoros aplausos sonoros de sus partidarios que vestían las rojas camisas y los caquis pantalones con que se identificaban los liberales, tal como llegó Bolaños Geyer vestido para la ocasión.

En la intervención de Bolaños Geyer, había esbozado parte de su programa de gobierno; enfocado sus ideas en ofrecer mejoría en la calidad de vida de los nicaragüenses a través de la promoción de la inversión, el respeto a las leyes; había también enviado un mensaje claro de entendimiento al Ejército de Nicaragua afirmando que no estaba entre sus planes la desaparición del cuerpo castrense. Los comentarios fueron positivos, pero no suficiente para los críticos. Quizás lo más independiente que sonó en ese inicio fue cuando dijo *Me propongo impulsar desde la Presidencia, la profundización de los innegables e importantes logros alcanzados por nuestro gobierno liberal, darle continuidad a todo lo bueno –que ha sido mucho– terminar lo inconcluso, y corregir con diligencia los errores cometidos.* Si bien esto último era un poco tímido para aplacar las críticas al gobierno al que había pertenecido, después vendrían –cada vez con más firmeza- las afirmaciones que fueron calando en la mayoría de la base anti-sandinista que al final, lo catapultó a la Presidencia de la República. En el mes de marzo, las encuestas no mostraban a Enrique Bolaños como favorito. Había preocupación entre sus colaboradores, lo que no perturbaba –aparentemente- al candidato presidencial. En abril del 2001, 6 meses antes de las elecciones, el Arzobispo de Managua, Cardenal Miguel Obando y Bravo, quien no había *dado el salto* que al final lo llevó a coincidir políticamente con el Comandante Daniel Ortega, había exteriorizado –nuevamente- su siempre importante opinión en los temas electorales y políticos del país. El Cardenal Miguel Obando se refirió en esa oportunidad al artículo del Código Electoral que prohíba la inducción del voto y negó que en las elecciones de 1996 él haya tenido la intención de favorecer al Partido Liberal Constitucionalista con la parábola de la víbora, interpretada de esa manera por sectores políticos y periodísticos. *En todo caso serían los buenos amigos de la prensa los que hicieron la interpretación de inducción del voto, yo no señalé a ningún partido. Yo sólo dije que hay que ser prudente, la prudencia es importante, fueron los medios los que indujeron el voto,* precisó Obando y Bravo. Era increíble la afirmación del Príncipe de la Iglesia Católica y primer miembro del Colegio Cardenalicio nacido en Centroamérica que afirmara lo anterior, cuando el pueblo entero lo observó vestido hasta de rojo (el color del Partido Liberal Constitucionalista) al celebrar la misa. Pero bueno, era el pastor hablándole a su grey. Había que escucharlo.

> *En la pugna entre el arroyo y la roca, siempre triunfa el arroyo...*
> *no porque sea muy fuerte, sino porque persevera*
> H. Jacson Brown

Campaña Presidencial

Era pues, contra muchos pronósticos, Enrique Bolaños Geyer, el *Churuco*, el candidato a la presidencia de la República por el Partido Liberal Constitucionalista (PLC), lo que fue ratificado en la Gran Convención del PLC realizada el 28 de enero, apenas una semana después de haber sido electo en una *rara* pre-convención partidaria.

Bolaños era el candidato de un Partido Liberal Constitucionalista desprestigiado y –algunos de sus líderes- acusados de corrupción. Los medios de comunicación se encargaron de magnificar los abusos de unos cuantos funcionaros de Alemán Lacayo, especialmente lo relacionado al aprovechamiento con la ayuda internacional dispensada ante la tragedia del huracán Mitch. Igual había sucedido con Somoza Debayle y Somoza Portocarrero con la ayuda externa que se otorgó a Nicaragua como consecuencia del terremoto de diciembre de 1972. Por ello, la candidatura de Enrique Bolaños era percibida como muy débil. Sin mucha militancia partidaria y ex vicepresidente de un gobierno impopular. Conservador en su actuar y no amigo de dádivas ni prebendas. Pinche y retrechero. Ese era don Enrique Bolaños. El candidato *perfecto* para perder las elecciones del

53

2001, frente al silencioso y cuasi mudo Daniel Ortega Saavedra que esta vez se presentaba con un nuevo compañero de fórmula, Agustín Jarquín Anaya, socialcristiano que había sido encarcelado por Somoza, por el mismo Ortega y hasta por Arnoldo Alemán, cuando fue Contralor General de la República. Ortega Saavedra–en búsqueda de votos y tranquilidad- anunció –además de la candidatura a vicepresidente de Jarquín Anaya, a parte de quienes serían su *gabinete* de gobierno, siendo el más conocido el ex hombre fuerte del gobierno de la presidenta Violeta Barrios de Chamorro, Antonio Lacayo Oyanguren a quien ofreció la cartera de Relaciones Exteriores y quien aceptó la propuesta del candidato del FSLN.

Si se siembra la semilla con fe y se cuida con perseverancia,
sólo será cuestión de tiempo recoger sus frutos
Tomás Carlyle

Matiguás: 3er strike

Matiguás, ciudad matagalpina ubicada en el centro geográfico de Nicaragua, se había convertido en un símbolo del *anti-sandinismo* desde el inicio de la revolución. Fue precisamente en Matiguás, donde Alfonso Robelo Callejas, renunciante miembro de la original Junta de Gobierno de Reconstrucción Nacional en abril de 1980, había reunido a más de 15 mil campesinos de la zona con el Movimiento Democrático Nicaragüense, lo que fuera una advertencia a la dirigencia *revolucionaria* de la época. Había también sido el lugar escogido por el Doctor Arnoldo Alemán Lacayo, para iniciar su campaña electoral en agosto de 1996. Era el turno de Bolaños Geyer y decidió también inaugurar oficialmente su campaña en este municipio norteño el domingo 19 de Agosto, en donde anunció –en lenguaje béisbólistico- que *poncharía* a Daniel Ortega, haciendo referencia a las 2 anteriores derrotas del comandante sandinista (ante Violeta de Chamorro en 1990 y Arnoldo Alemán en 1996). Faltaba un *strike* para poncharlo, fue la idea de Bolaños. Al final, no fue suficiente para Ortega, pues si bien es cierto, perdió por tercera ocasión consecutiva frente a Bolaños, resurgió –por la división del voto anti-sandinista- nuevamente como Presidente de la República en noviembre del 2006 con apenas el 38 % de los votos, tal como permitía la Constitución Política de la República reformada por el pacto *libero-sandinista* del año 2000.

Bolaños pronunció un discurso firme; un discurso *anti-sandinista* que era lo que la audiencia esperaba del candidato liberal. Había comenzado a sacar las uñas. Había criticado firmemente el pacto que el aún presidente Arnoldo Alemán Lacayo, había impulsado con el comandante Daniel Ortega. Además, Arnoldo Alemán Lacayo, líder indiscutible del partido, no había asistido al acto inaugural de la campaña electoral de Enrique Bolaños, tal como éste lo exigió. Igual fue durante toda la campaña. Alemán Lacayo únicamente participó en un único acto de campaña y fue en la concentración política realzada en el municipio de su residencia en El Crucero, aunque en una tarima separada del candidato del PLC. Esa sería la tónica durante la campaña electoral, división que se profundizaría una vez electo presidente y durante sus 5 años como Jefe de Estado.

En agosto del 2001, la Conferencia Episcopal se pronunció en una Carta Pastoral de forma clara e incisiva. El mensaje de los obispos del 15 de agosto, los jerarcas de la mayor iglesia en Nicaragua fueron clarísimos y –nuevamente- determinantes por las señas enviadas por los pastores a su grey, inteligente y fiel, que –otra vez- negaron su respaldo al candidato Daniel Ortega Saavedra. La carta de los obispos nicaragüenses era un verdadero tratado de filosofía política e incitación genuina para que los fieles comprendieran la responsabilidad del voto y lo que ello conllevaba. El mensaje de la Conferencia Episcopal era evidente en todos los aspectos reflejados. Tenía pues, porque estar molesto el candidato Ortega Saavedra, especialmente porque en el mes de septiembre del 2001, pocas semanas antes de las elecciones del 4 de noviembre, el FSLN y Daniel Ortega aparecían como favoritos por las encuestas que se hicieron públicas en esas fechas. Por su parte, Enrique Bolaños hacía lo que podía para enderezar su campaña, aunque siempre mostraba confianza en lo que estaba haciendo junto a su equipo. *Es que no arranca. Ya no arrancó*, eran los comentarios de algunos que criticaban a Bolaños. Éste, por su parte, no parecía inmutarse. La realidad no se percibía así, pues en el mismo cuartel electoral siempre se recordaba con preocupación que para el mes de julio, Enrique Bolaños había tenido ya tres Jefes de Campaña: Gilberto Pérez-Alonso, un exitoso nicaragüense residente en México; Arturo Harding Lacayo, ex Contralor General de la República y el último, su antiguo contendiente en la campaña interna del Partido Liberal Constitucionalista, Eduardo Montealegre Rivas, quien asumió la jefatura de campaña en julio de ese año.

No basta con hablar de paz. Uno debe creer en ella,
y trabajar para conseguirla
Eleanor Roosvelt

9-11

Osaba Bin Laden y el 11 de Septiembre del 2001 fueron otro golpe *casual* a Daniel Ortega y su equipo. Los estrategas de Bolaños y del PLC intensificaron sus mensaje directos y duros contra Daniel Ortega, recordando sus vínculos y amistades con personajes identificados con los terroristas que habían asesinado a víctimas inocentes con los atentados en Nueva York, Pensilvania y Washington, lo que motivó a fomentar el voto masivo a favor de Bolaños, por temor a los nexos históricos del dirigente sandinista y por su retórica antiestadounidense, a pesar de que la campaña del FSLN estuvo siempre dirigida a fomentar que *el amor era más fuerte que el odio* en sus mensajes de campaña, que por esta ocasión, le resultaron infructuosos. Según la revista *Envío* de la UCA la campaña de Bolaños Geyer vinculando a Daniel Ortega con el terrorismo, no fue determinante *Esta campaña resultó saturante y si perjudicó al FSLN, tuvo también efectos bumerang. Varias preguntas en las últimas encuestas, que buscaban medir la credibilidad que tenían estos mensajes y su impacto entre los electores, indicaron que una mayoría los rechazaba: dos terceras partes de los encuestados estaban en desacuerdo con este tipo de publicidad y no vinculaban al FSLN con el terrorismo* señala en su informe sobre las elecciones de noviembre del 2001. Al día siguiente de los ataques terroristas, el FSLN colocó por todas las calles de Managua, mantas con leyendas que proclamaban una nueva consigna: *El amor es más fuerte que el odio*, buscando responder así a la campaña anti-danielista. La propaganda se llenó de más flores y de más mensajes de amor. En varias declaraciones, la diseñadora de la campaña sandinista, Rosario Murillo, citando a Gandhi y a la Madre Teresa de Calcuta, trató de insistir en el amor como la propuesta política del FSLN, y en ese espíritu envió una carta abierta a Laura Bush, esposa del presidente norteamericano George W. Bush, pidiéndole que, desde Estados Unidos se detuviera lo que *llamó terrorismo electoral* de los liberales en Nicaragua.

Cada día me miro en el espejo y me pregunto que si hoy fuese el último día de mi vida, ¿querría hacer lo que voy a hacer hoy?, si la respuesta es no, durante demasiados días seguidos, sé que necesito cambiar algo
Steve Jobs

Un discurso clave en su campaña.

Quizá el más importante de los discursos de campaña de Enrique Bolaños, fue el que ofreció el 18 de octubre del 2001, en lo que fue un giro brusco ante la calculada prudencia que mantenía hasta entonces; se presentó como abanderado de la lucha contra los tres grandes vicios de nuestra cultura política y social: la corrupción, la perversión en el uso del poder y el caudillismo; y anunció, con *altas y claras voces,* que en su gobierno, *ni Enrique Bolaños, ni José Rizo, ni Arnoldo Alemán, ni Daniel Ortega, estarían por encima de la ley*, prometiendo investigar la quiebra del INTERBANK, del BANIC y del BANADES, recordándose que tras cada quiebra se encontraban los grupos de poder de los tres gobiernos anteriores. Estas palabras y su consigna en los dos discursos de cierre de campaña en Managua y en Masaya ¡*Ni piñata ni checazos!,* le ganaron adeptos de última hora, así como votos de muchos indecisos. El discurso de Bolaños fue titulado: *Gobernabilidad, Democracia y Transparencia: Muchos Retos, dos opciones, una alternativa.* Él era el candidato y él sería el Presidente. No servía para ser marioneta de nadie, aunque fuera Contra la Corriente, lo que al final demostró a un alto costo para gobernar y poder concluir su mandato.

No tengas prisa en tomar asesores; y una vez adquiridos, no tengas prisa en deshacerte de ellos
Solón de Atenas

Asesoría extranjera en la campaña electoral

En la parte técnica de la campaña, Bolaños Geyer fue asesorado por un extranjero (y caro) estratega. *Mejor si era importado,* decían algunos. Y se convertiría así, otra vez un cubanoamericano como el estratega principal de la campaña del candidato liberal. El técnico era experimentado y ya había trabajado en Nicaragua. Era un cubano anticastrista y un *gallo probado,* pues, le había ayudado a ganar la presidencia de la República al doctor Arnoldo Alemán Lacayo. Era recomendado de la conservadora Fundación Nacional Cubano Americana con sede en Miami, Florida, capital del exilio cubano. Mario Elgarresta. Nacido en La Habana, Cuba, el 12 de Mayo del 1942. Elgarresta fue presidente de los estudiantes cubanos de la Universidad de Miami y de la Organización de Estudiantes Cubanos Universitarios del Exilio. En el 1980, junto a tres amigos; Jorge Mas Canosa, Raúl Masvidal y Carlos Salman, ayudó a crear la Fundación Nacional Cubano Americana.

Elgarresta formó parte del Equipo de Transición del Presidente Electo Ronald Reagan, en el Consejo de Seguridad Nacional.

Elgarresta asesoró con éxito siete de ocho campañas presidenciales en Latinoamérica; León Febres-Cordero (Ecuador); General Hugo Banzer (Bolivia); Arq. Sixto Duran-Ballestas (Ecuador); Licenciado Ernesto Zedillo (México); Doctor Arnoldo Alemán Lacayo (Nicaragua); Doctor Alejandro Toledo (Perú) y el Ingeniero Enrique Bolaños Geyer (Nicaragua). Elgarresta también trabajó parcialmente en la campaña de Eduardo Montealegre Rivas en el 2006, obteniendo el segundo lugar.

Estudia el pasado, si quieres pronosticar el futuro
Confucio

Pronósticos electorales: empate técnico

La mayoría de las empresas encuestadoras vaticinaban un virtual empate entre Enrique Bolaños y Daniel Ortega. Enrique Bolaños, según sus cálculos, vencería a Ortega *por más del 10 %*, afirmaba el candidato liberal. Para ello era fundamental que la población saliera a votar, como al final sucedió, con un altísimo porcentaje de participación. Uno de los ayudantes de Bolaños, Norman Caldera, más por corazonadas que por otra razón, pronosticaba la victoria de Bolaños por un 14 %. Al final, ese fue el porcentaje. Apenas 5 días antes de las elecciones, las señales no eran esas, tal como se refleja en el artículo *El escenario pre electoral* publicado el 30 de octubre del 2001 por la organización *Observación Electoral Latinoamericano* que conducían Daniel Zovatto y Julio Burdman y que decía: *En los comicios del próximo domingo, casi dos millones de electores elegirán un presidente, un vicepresidente, 90 diputados al Congreso Nacional y 20 diputados para el Parlamento*

Centroamericano. Las posibilidades de un triunfo sandinista preocupan tanto a los nicaragüenses como a los países de la región, y también a los observadores internacionales que ya han manifestado que temen falta de transparencia y disturbios. Una encuesta de opinión pública realizada por la consultora CID Gallup, a nivel nacional entre los días 19 y 25 de octubre a 1,439 ciudadanos en condición de votar el próximo 4 de noviembre, indica que estando a diez días de las elecciones continuaba el empate técnico entre Enrique Bolaños y Daniel Ortega, pues las diferencias entre ambos candidatos no son estadísticamente significativas para señalar un ganador.

Esta situación, que se había mantenido en los últimos 45 días, se midió en esta última ocasión a través de la técnica del *voto simulado*, utilizando una *boleta muestra* muy similar a la que tendrían que marcar los electores el día de la elección. Se entregó la papeleta al entrevistado y se pidió que la marcara en forma secreta y después la depositara en una bolsa. De esta manera, el entrevistado tenía mayor confianza en el ejercicio de consulta. Según CID Gallup, Enrique Bolaños se encontraba en el primer lugar de preferencias con 49.6%, Daniel Ortega con 46.4% y el candidato conservador –desconocido- Alberto Saborío recibía un *alto* 3.9% de simpatía electoral.

En cuanto a la tendencia en las intenciones de voto, se observaba que Bolaños mantenía su nivel de intenciones, mientras Ortega bajaba un punto porcentual. Se manejaban pues, tres escenarios: ¿Por quién votaría para presidente de la República? Los escenarios eran:

Candidato	Escenario # 1 Principal	Escenario # 2 Ventaja: Bolaños	Escenario # 3 Ventaja: Ortega
TOTAL	100	100	100
Enrique Bolaños	49,6	52,5	46,7
Daniel Ortega	46,4	43,5	48,3
Alberto Saborío	3,9	3,9	3,9
Margen de error ± 2,9			

El estudio permitía proyectar tres escenarios, teniendo en cuenta el margen de error de ±2.9 puntos:

1. Si las elecciones hubieran sido la fecha de las entrevistas, Enrique Bolaños y Daniel Ortega habrían obtenido 49.6% y 46.4% de los votos emitidos, respectivamente.

2. Si el margen de error salía favoreciendo a Bolaños, éste recibiría el 52.5% de los votos emitidos y Daniel Ortega el total de 43.5%.

3. Si el margen de error favorecería a Daniel Ortega, el candidato sandinista obtendría 49.3% del voto emitido y Bolaños el 46.7% de los votos.

Aunque casi todas las consultoras coincidían al asegurar que a la fecha existía un empate técnico entre los principales candidatos, algunos especialistas, en forma privada, habían previsto una victoria de Ortega sobre Bolaños. Eso se decía afuera de Nicaragua y eso se decía adentro de Nicaragua. Afuera y adentro. Todos estaban equivocados. Era otra la Corriente.

Todos vivimos bajo el mismo cielo, pero ninguno tiene el mismo
horizonte
Konrad Adenauer

El Día D

Había llegado el día de las elecciones: domingo, 4 de noviembre del 2001. Las bien organizadas tropas de fiscales y defensores del voto pertenecientes al Partido Liberal Constitucionalista y sus aliados, habían realizado un trabajo intenso para garantizar que se respetara la voluntad popular en las urnas electorales, especialmente ante los pronósticos que vaticinaban una lucha electoral muy estrecha. Bolaños siempre confió en su victoria. Ese día nos reunimos con el candidato liberal en la amplia casa de Don Mario Salvo Lazzari, patriarca de la familia Salvo-Horvilleur, quien se encontraba toda reunida con don Enrique, como le decíamos. Ahí estábamos junto a su esposa, doña Lila T., el Jefe de Campaña Eduardo Montealegre, y algunos de sus principales colaboradores como Mario Salvo Horvilleur, Norman Caldera, Pedro Solórzano, Julio Vega Pasquier, Nevardo Arguello y otros más.

Ese día, el 4 de noviembre del 2001, cerca de las 7:00 de la noche nos dirigimos al Hotel Intercontinental Metrocentro, sede del *cuartel electoral* de Bolaños. Daniel Ortega, quien según las encuestas se encontraba *técnicamente empatado* ocupó –como sede para celebrar su *victoria*- el Centro de Convenciones del Hotel *Crowne Plaza.* Esa sería la última vez que Ortega y su grupo esperaría en un hotel los resultados de las elecciones. Ya en el 2006, con cerca del 38 % de los votos que le dio la victoria, el cuartel general de campaña del ex guerrillero fue su residencia en *El Carmen,* misma que ocuparía como oficina de su partido, el Frente Sandinista de Liberación Nacional (FSLN) y también como *sede* de la Presidencia de la República.

En las elecciones que ganase Bolaños en el 2001, en ambos cuarteles de campaña se vivían momentos de excitación y expectativas por el desarrollo de las elecciones. Los primeros reportes de las estructuras del candidato liberal informaban de una gran participación electoral y del desarrollo normal de las elecciones en todo el territorio nacional, salvo pequeños incidentes aislados provocados por el retraso en la entrega del material electoral. Cerca de las 8:00 p.m. encontrándome en la sede del equipo de Bolaños Geyer, me sorprendió una visita del entonces Embajador de la República Bolivariana de Venezuela, el buen amigo, Miguel Gómez Núñez, quien me buscaba porque quería *estar en comunicación en caso de que don Enrique ganara las elecciones,* me dijo. Completamente sorprendido por la visita del Embajador Gómez Núñez, pero más del *comentario* que me hizo, nos reunimos con don Enrique Bolaños Abaunza, hijo mayor del candidato presidencial, quien al igual que yo, se sorprendió con la visita *tan temprana* del embajador chavista para *estar en comunicación, en caso que don Enrique gane las elecciones.* La sorpresa era mayor por ser ampliamente conocida la entonces simpatía del gobierno venezolano y del mismo Embajador Gómez Núñez con el candidato Daniel Ortega Saavedra. Y la visita del Embajador venezolano no fue la única sorpresa temprana de lo que se pensó, sería una *larga noche.* Pocos minutos después, en el elevador del hotel, cuando subía con Enrique Bolaños Abaunza nos encontramos con un congresista norteamericano que acompañaba al Presidente Jimmy Carter como observador electoral y le dijo: *Congratulations. Your father is the new president.*

En el salón principal del hotel, la zozobra era enorme. Noticias iban y venían. Nadie sospechaba de lo que ya nos íbamos enterando y que parecía inevitable: la victoria indiscutible y contundente de Enrique Bolaños sobre Daniel Ortega. La confirmación de la misma llegaría a las 10:00 p.m. con la visita del entonces Secretario General de la Organización de Estados Americanos (OEA) y ex presidente colombiano César Gaviria, quien subió a la habitación del séptimo piso donde se encontraba Enrique Bolaños Geyer con sus más cercanos colaboradores. La noticia fue contundente: *presidente Bolaños, reciba mis felicitaciones. Es indiscutible que usted ha ganado las elecciones,* dijo. Bolaños no ocultaba su sonrisa de gozo y alegría por algo en que él había confiado plenamente: su victoria como presidente de Nicaragua. Los resultados preliminares que el Secretario General de la OEA compartía con el candidato Enrique Bolaños eran más que categóricos: 17 % de ventaja sobre el veterano candidato Daniel Ortega. Al final, el Consejo Supremo Electoral dio una ventaja de 14 %.

En el lobby del hotel, las noticias continuaban circulando. Proyecciones. Resultados preliminares. Todo era confusión aunque se mantenía un alto optimismo entre quienes no sabían la historia completa del momento. Incluso, muchos sandinistas trataban de confundir adelantando supuestos informes del Consejo Supremo Electoral que vaticinaban un empate o incluso, ventaja de Ortega en los resultados preliminares, tal como fui testigo al recibir llamadas telefónicas de amigos personales de filiación sandinista vinculados al Consejo Supremo Electoral y al mismísimo Daniel Ortega. La historia era otra. El salón principal del Hotel Intercontinental Metrocentro se hacía cada vez más pequeño ante la llegada de más simpatizantes de Enrique Bolaños. En la sede de campaña ubicada en el edificio VIMSA, los fiscales y los técnicos del centro de cómputos no se despegaban de las computadoras y de los faxes recibiendo actas y cotejando resultados. No se podían descuidar ni un solo momento. Mientras tanto, en el Centro de Convenciones del Hotel *Crowne Plaza*, poco a poco los simpatizantes y militantes del candidato Daniel Ortega Saavedra iban haciendo que el salón fuese cada vez más grande y más vacío, mientras el entusiasmo de esa tarde en la militancia sandinista se desvanecía. Ya *sabían* por dónde venían los resultados.

Sin embargo, no todo estaba dicho. Algo raro estaba sucediendo y el olfato de Enrique Bolaños, así como el manejo de información confidencial que se había obtenido, señalaban que el gabinete de gobierno del saliente presidente Arnoldo Alemán Lacayo se encontraba en sesión permanente en las instalaciones de Casa Presidencial, algo que debería de haberse considerado normal . Sin embargo, preocupaban algunos rumores alarmantes en caso de que los resultados electorales fueran muy reñidos y se temía violencia, lo que enturbiaría el proceso y las consecuencias eran insospechadas, especialmente cuando el ambiente que se había creado era de un inminente *empate técnico* entre Ortega y Bolaños, lo que ya – en ese momento- no era posible después de las visitas del embajador venezolano y del congresista norteamericano, más la confirmación del Secretario General de la OEA.

La confusa situación alimentaba el rumor de que un importante funcionario del gobierno del Doctor Arnoldo Alemán había consultado con algunos jefes de misiones diplomáticas sobre un escenario de caos y desorden ante unos resultados estrechos Se llegó incluso a decir que se encontraba una *alternativa* ante el eventual desorden, llegándose a pensar en una Junta interina de gobierno. Eso significaba romper el orden constitucional y la aún incipiente democracia nicaragüense, y más aún, el despojo de una ya clara victoria electoral de Enrique Bolaños.

La revista digital Envío de la Universidad Centroamericana (UCA) en su edición de noviembre del 2001, publicó un amplio reportaje sobre lo referido, el que vale la pena recordar *En las vísperas se añadió a este guion ya tenso un dato alarmante: la decisión del presidente de la República de reunir a su gabinete en la tarde de la jornada electoral para decretar el Estado de Emergencia y suspender garantías constitucionales. Fue Daniel Ortega quien lo anunció el 1 de noviembre, afirmando también que a la par de la emergencia la pretensión del presidente era anular las elecciones. Alemán declaró que no le temblaría la mano para decretar la emergencia. La posibilidad de que se hiciera realidad esta medida fue unánime y públicamente criticada por sectores nacionales y por los dos más destacados observadores internacionales presentes en el país, el Secretario General de la OEA César Gaviria, y el ex-presidente de Estados Unidos Jimmy Carter. A la par de tan polémico anuncio, Managua amaneció el 2 de noviembre con miles de efectivos del Ejército desplegados en las calles, custodiando puntos estratégicos con armas largas. Muchos llevaban las caras pintadas y algunos vestían los pintorescos uniformes de camuflaje que emplean para operaciones especiales. ¿El objetivo de este despliegue era garantizar seguridad, intimidar o disuadir? Los hechos posteriores demostraron que la presencia del Ejército en la capital -en un ordenado operativo conjunto con la Policía- dio seguridad a la mayoría de la población votante y también, probablemente, contribuyó a disuadir a los grupos que tenían planes de generar violencia callejera. Después de la derrota, dirigentes sandinistas atribuyeron a la presencia militar propósitos intimidantes para restarle votos al FSLN: Buscaban recordar los años de la guerra.*

Desde semanas antes de las elecciones se barajaban hipótesis sobre varios riesgosos escenarios post-votaciones. En la base del más comentado de ellos estaba ese *conflicto larvado* que decían existía entre Bolaños y Alemán. Por tener dos estilos muy diferentes de gobernar; y por no haber sido Bolaños el candidato de Alemán, sino el que le impuso el gran capital con dos objetivos: impedir, con un político eficiente, el temido triunfo de Daniel Ortega, y frenar el avance en la economía de la *argolla mafiosa*, de la que se había rodeado Alemán. Teniendo en cuenta esto, se barajaba la hipótesis de que el Presidente Alemán deseaba que Ortega ganara. Porque esto le permitiría un ultra protagonismo opositor desde la Asamblea Nacional -a donde Alemán llegaba por la diputación que en el pacto le otorgaba como ex presidente, y así se prepararía el camino para reelegirse. Pero Alemán únicamente podría favorecer y facilitar el triunfo *amañado* de Ortega, con resultados muy ajustados. Y en ese escenario era previsible un preámbulo de violencia en las calles como una *medición de fuerzas* que culminaría en un acuerdo-pacto en nombre de *la gobernabilidad.* ¿Violencia entre los comandos electorales del FSLN y las instituciones armadas del Estado? ¿Violencia entre activistas de uno y otro partido resueltas por el Ejército? Esos eran los comentarios.

Para poder ganar las elecciones, Bolaños tenía que ganarlas con un muy amplio margen de votos. Si la votación era muy cerrada, el FSLN no se dejaría arrebatar la *victoria* y entonces

Alemán podría ordenar a sus magistrados en el CSE que no reconocieran la victoria al FSLN. Esa posibilidad podía ya estar, incluso acordada, comentó a la revista ENVÍO tres meses antes de las elecciones el jurista, escritor y ex director de El Nuevo Diario, León Núñez. La amplísima diferencia que arrojaron los resultados -conocida en pocas horas por el casi exacto conteo rápido que realizó Ética y Transparencia- evitó tan riesgosa posibilidad. *En este sentido, no fue el Ejército quien frenó una violencia prevista, fue la gente participando masiva y ordenadamente quien imprevistamente lo logró* termina el interesante análisis de la Revista Digital Envío de la UCA en su edición de noviembre del 2001. Al final, quedaba demostrado el actuar de Enrique Bolaños. Actúo con prudencia, pero con mucha firmeza. Los mensajes que había enviado fueron claros: no se aceptaría ninguna decisión que no fuera la que respetase la voluntad popular a través de las elecciones.

Primeros resultados ante los seguidores de Bolaños.

Cerca de las 3:00 de la madrugada del 5 de noviembre, Eduardo Montealegre Rivas, Jefe de Campaña del candidato Enrique Bolaños Geyer, se dirigía ante la multitud de seguidores y simpatizantes que llenaban a reventar el más grande salón del Hotel Intercontinental Metrocentro. Aún con los resultados que se conocían, Montealegre no anunció el triunfo electoral de Bolaños. Simplemente confirmó que *los resultados eran alentadores y que todo marchaba con normalidad* en lo que sería al final una aplastante victoria de Bolaños sobre Ortega Saavedra: 56.3 % para el Partido Liberal Constitucionalista y 42.3% para el Frente Sandinista de Liberación Nacional. 14 % de ventaja para Bolaños sobre Ortega. Más de lo que obtuvo la presidenta Chamorro (1990) y el presidente Alemán Lacayo (1996). Muy lejos, el Partido Conservador sumaría 1.4 % del respaldo popular. Esa era, la tercera derrota de Ortega en sus aspiraciones por regresar a la Presidencia que entregó en 1990 a Violeta Barrios de Chamorro. Eso no fue obstáculo para Ortega Saavedra quien al final alcanzó la Presidencia de la República en su cuarto intento consecutivo en noviembre del

2006, superando a Eduardo Montealegre Rivas con apenas el 38 % del voto popular, tal como lo permitía la legislación electoral pactada con Arnoldo Alemán Lacayo.

Daniel Ortega reconoce su derrota

El lunes, 5 de noviembre del 2001, un Daniel Ortega vestido incómodamente con un traje negro reconoció, por tercera vez consecutiva en los últimos 15 años (1990, 1996 y 2001) la victoria del *candidato de la oligarquía*, como gustaba el comandante Ortega decirle en su momento a doña Violeta de Chamorro, al doctor Alemán Lacayo y al ingeniero Bolaños Geyer; Ortega Saavedra llegó junto a su derrotado candidato a vicepresidente, el socialcristiano Agustín Jarquín Anaya. *Ante la grave situación económica de Nicaragua, estaremos apoyando al nuevo gobierno en la gobernabilidad de Nicaragua,* dijo Ortega. Por su parte el presidente electo Enrique Bolaños reconoció que el FSLN había sido un adversario muy grande, *"y eso hace más grande al PLC".* Voces muy reconciliatorias después de varios días tensos, donde se temía enfrentamientos en las calles y disturbios electorales los que afortunadamente para los nicaragüenses, no sucedieron. Uno de los temores que existieron y que merecieron la atención de algunos observadores internacionales, era que los fiscales de las dos principales organizaciones políticas se enfrascaran en una lucha por impugnar los resultados en las juntas receptoras de votos, lo que retrasaría el proceso de conteo del sufragio y que ese retraso generara cansancio, frustración y violencia. Estados Unidos felicitó más tarde a Bolaños, candidato al que apoyó públicamente, confiando en que su *largo compromiso con la democracia, su integridad y coraje, así como su amplia experiencia como empresario, ayudarán a Nicaragua a enfrentar los desafíos que le aguardan* dijo el Departamento de Estado norteamericano en un comunicado, en el que no únicamente felicitó al victorioso candidato liberal, sino que también reconoció al Frente Sandinista de Liberación Nacional (FSLN) por su participación ordenada y pacífica en el proceso electoral.

Reconocemos y damos la bienvenida al compromiso del FSLN de trabajar responsablemente en la oposición y su promesa de apoyar la democracia y la buena gobernabilidad, y de unirse a la lucha contra la corrupción, el narcotráfico y el terrorismo, dijo el comunicado emitido en Washington. Por su lado, el brazo internacional del gobernante Partido Republicano elogió a los nicaragüenses por haber votado *a favor de la libertad.* El Instituto Republicano Internacional dijo que la votación dejó en claro un rechazó *a las políticas socialistas y autoritarias de la década de 1980.* En las últimas semanas de la campaña electoral, el gobierno de George W. Bush pareció destapar un baúl de los recuerdos, al pedir a Ortega la devolución de las propiedades confiscadas tras la Revolución de 1979 que derrocó la dictadura de 45 años de Anastasio Somoza y al advertir que *conocía la historia completa de los sandinistas.*

Ortega –a pesar de haber llegado a reconocer su derrota ante Bolaños- seguía quejándose de las razones de su fracaso, diciendo que había sido víctima de una *campaña del miedo,* que fomentó Estados Unidos al vincularlo con grupos terroristas en pleno proceso electoral, y en medio del ambiente de inseguridad que generaron los atentados del 11 de septiembre en Washington y Nueva York. Por su lado, los gobiernos centroamericanos se congratularon porque las elecciones en Nicaragua se celebraron en forma ordenada, democrática, libre y con una masiva participación. Bolaños se proclamó presidente electo. *Ya ven que sí se pudo, ahora mismo me quito la bandera roja -de los liberales- y me pongo la azul y blanco de Nicaragua porque ahora soy el presidente de todos los nicaragüenses,* manifestó Bolaños, durante un discurso pronunciado en Managua ante miles de seguidores, que coreaban el "¡sí, se pudo, sí, se pudo!" La consigna que aludía a *Sí se puede,* en relación a ofertas de más empleos y mejores condiciones sociales. Los sandinistas *al final mostraron madurez y respeto a la patria, al aceptar los resultados de los comicios con serenidad y la rectitud de un partido moderno,* añadió el presidente electo.

Antes de que se divulgara el segundo reporte oficial, Ortega ya había reconocido su derrota frente a Bolaños, en una breve rueda de prensa en la capital. *Vamos a apoyar esta democracia, que debe ir de la manos de su fortalecimiento e independencia de las instituciones, de la lucha contra la pobreza, el imperio de la ley, del combate frontal a la corrupción, al narcotráfico y al terrorismo, de una economía de mercado dinámica y de la justicia social*, manifestó. Por su parte, el principal líder del Partido Liberal Constitucionalista, el presidente saliente Arnoldo Alemán Lacayo declaró fríamente: *Creo que llegó la era de Ortega a su final*, tras felicitar a Bolaños. Varios de los camaradas habían advertido a Ortega que perdería las elecciones, al considerar que la pobreza que vivía el país y a pesar del desgaste de los liberales no eran suficientes para ganar las elecciones, sino que también importaba el tipo de candidato que se presentaba. Pese al intento por transformar su imagen personal y el tono de su discurso, que pasó de la confrontación a los mensajes de paz y amor, Ortega no logró convencer al electorado, lo que tampoco haría en el 2006, pero que si le permitió alcanzar la Presidencia ante la división de los liberales, unos apoyando a Eduardo Montealegre y otros a José Rizo Castellón; entre los dos candidatos liberales sumaron más del 55 %.

El Presidente Alemán Lacayo, aseguró que el oficialismo se constituirá nuevamente en la fuerza mayoritaria del Parlamento, en el cual ocuparía más de 50 de los 90 escaños de la Asamblea Nacional. Al final fueron 53 los diputados electos por el PLC. La abstención, el otro fantasma que en algún momento preocupó a Enrique Bolaños, fue mínima. Los miles de nicaragüenses que desde tempranas horas hacían fila pacientemente para votar, se quejaron de la lentitud del proceso de depositar el voto, pero no se marchaban. Ancianos en sillas de ruedas, jóvenes y adultos, hombres y mujeres, nicaragüenses residentes en el exterior que habían viajado expresamente a votar, embarazadas, enfermos y todo aquel que pudo hacerlo, concurrió a votar. Bolaños había logrado un importante respaldo del voto que se ocultaba en las encuestas que anunciaban un empate técnico. Otra vez los nicaragüenses confundían al mundo y dejaban claro el destino que –por esta ocasión- deseaban ayudar a forjar, cifrando las esperanzas en un ingeniero industrial que a los 73 años alcanzaba la Primera Magistratura de la Nación. Ortega, nuevamente derrotado, se justificaba diciendo que había perdido *por la campaña sucia, por la infame campaña de terror que no permitió al pueblo elegir en libertad.* Ortega se refería a la campaña que el equipo de Bolaños promovió recordando las viejas amistades del candidato sandinista: Castro, Kadhadafi, Hussein, Kim II Song, y otros dirigentes con quien el candidato sandinista mantenía cordiales relaciones.

Prefiero el bastón de la experiencia que el carro rápido de la fortuna.
El filósofo viaja a pie.
Pitágoras

Anécdotas de la campaña

Una de las más admirables cualidades de Enrique Bolaños Geyer era el orden con que manejaba todos los detalles de su vida. Se ufanaba de guardar hasta las estampitas de recuerdo de todas las misas de difuntos que había asistido en su vida...incluyendo por supuesto, otro tipo de recuerdos para celebraciones como bautizos, primeras comuniones, bodas y demás. Pero lo más interesante era la disciplina para ordenar sus cosas. En la campaña electoral, a pesar del ajetreo y de lo intenso de la misma, Bolaños Geyer no olvidó detalles que al final le sirvieron para recopilar información sobre su campaña que no creo que otro candidato pueda conservar. Para ello, Enrique Bolaños encomendó dicha tarea al Licenciado Roberto Porta Córdova, un joven profesional originario de Masaya que había colaborado con Bolaños en la Vicepresidencia de la República y que fungió como Director del Instituto Nacional Tecnológico (INATEC). De ese trabajo de recopilación de Porta Córdoba, y facilitado a quien escribe por el ex Presidente, es que se comparten algunos detalles curiosos de la campaña presidencial del ingeniero Enrique Bolaños Geyer.

La disciplina es sinónimo de orden, tenéis números y empleáis el orden, podéis alcanzar el infinito
Hermes Varillas Labrador

Las frases de combate

Sí, se puede. Esta frase resumió los sentimientos de voluntad, tenacidad y fe que inspiraron a Enrique Bolaños desde el inició de la campaña. La frase, acompañada de la música de *La Mama Ramona*, se convirtió en el estribillo de combate de cada una de las concentraciones y se hizo popular en todos los rincones del país. Sugerida por los asesores publicitarios de México, la frase fue utilizada por el equipo de fútbol de ese país en el mundial de fútbol de Francia en 1998, en el que el equipo mexicano superó sus más ambiciosas expectativas. La frase fue tan contagiosa que llegó a poner en aprietos a algunas personas. Según testimonio de Eduardo Mangas, yerno del Mayor General ® Roberto Calderón, sus niños gemelos se encontraban en una reunión familiar en presencia del militar retirado cuando espontáneamente empezaron a cantar y bailar "que sí, que sí, que sí se puede" ante la sorpresa de sus padres. En un documental televisado por el Canal 2, un día antes de finalizar la campaña, doña Lila T. se refirió a la frase cuando dijo que su esposo andaba tan ocupado que ella casi ni lo veía y que a veces le tenía que preguntar "que si, que si, ¿qué si se... te puede ver? . *Hagamos un trato*. Fue concebida por el candidato presidencial el 5 de mayo de 2001 en la finca *El Laurel* mientras se buscaba una frase corta y pegajosa que reflejara el compromiso de Enrique Bolaños con el electorado. La popularidad de esta frase se pudo medir nuevamente a través de los más jóvenes. La niña Elisa Estrada Sánchez, en ese entonces de dos años de edad e hija de Fabricia Sánchez, funcionaria de la vicepresidencia de la República, y quien posteriormente fungiría como Secretaria del presidente Bolaños, empezó a repetir la palabra *trato* cada vez que veía los anuncios de Bolaños Geyer por la televisión. Cuando finalmente tuvo la oportunidad de ver al candidato en persona, la niña se quedó viéndolo por varios segundos y empezó a decirle a su mamá: ¡trato! ¡trato! mientras señalaba al candidato liberal. La única connotación negativa que provocó la frase fue que de inmediato se empezó a recibir correspondencia de todas partes de Nicaragua que concluían con frases como: *don Enrique, hagamos un trato... usted me regala 20 mil dólares para construir mi casa y yo apoyaré su gobierno* o *hagamos un trato, usted me ayuda a pagar mi luna de miel en Montelimar y toda mi familia votará por usted...*mostrando así la *creatividad* del nicaragüense. **Remanguémonos las mangas.** A pesar de que algunos decían que remangarse las mangas era redundante y que debía de decirse *remanguémonos la camisa,* la frase resumió la propuesta realista –no populista- de Enrique Bolaños, que instaba al pueblo a trabajar hombro a hombro con su gobierno, sin esperar prebendas o subsidios inviables. **Ponche.** Consistente con su afición por el béisbol y con su propósito de liderar una campaña cívica y pacífica, don Enrique propuso que cuando la caravana liberal se encontrase con opositores sandinistas, en vez de reaccionar airados ante el símbolo de la Victoria hecho con dos dedos de la mano, los simpatizantes liberales se limitaran a mostrar un dedo y decir: "dos y uno... ¡ponche!" La frase fue adoptada con naturalidad y de inmediato en todas las concentraciones liberales se hacía referencia a los dos intentos fallidos de Ortega por alcanzar la Presidencia por medio de las urnas. El uso más contundente de esta frase ocurrió en Estelí, el viernes 5 de octubre del 2001, cuando la caravana del candidato liberal se topó con un centenar de simpatizantes sandinistas que gritaban sus consignas desde la acera del parque. Al unísono, los activistas y los más de doscientos liberales que coincidieron en ese punto, empezaron a corear "¡ponche!" con tanto entusiasmo y pulmón que apagaron por completo los gritos de la oposición y les dejó el rostro compungido. El grito repetitivo de "¡ponche, ponche, ponche...! taladró los oídos sandinistas a lo largo de la campaña, sin que se pudiera acusar al candidato de promover insultos o violencia. **Bola de Años.** Al inicio de la campaña, los partidos de oposición quisieron desalentar la simpatía hacia Enrique Bolaños diciendo que su candidatura no tenía posibilidades de triunfo debido a su edad (73 años), llegando incluso a llamar al candidato *Bola de Años* en vez de Bolaños. Lejos de amedrentarse, don Enrique decidió utilizar este epíteto para reflejar su amplia experiencia, su larga trayectoria de empresario eficiente y sus años de reconocimiento como hombre de familia. El resultado fue una contagiosa canción *La Bola de Años* tocada al ritmo de cumbia, la que se hizo conocida en todo el país y neutralizó completamente la campaña de la oposición.

Las tarimas. Naturalmente, las tarimas jugaron un papel vital en la ejecución exitosa de la campaña, cumpliendo su cometido sin importar el terreno, las condiciones o el entorno de las concentraciones, lo que motivó a Roberto Porta a continuar agregando insumos a las anécdotas de la campaña electoral. La tarima más grande fue en Matiguás, al iniciarse la fase de cierres de campaña departamentales, se convirtió una rastra en una amplia tarima portátil para poder albergar a un número más amplio de invitados y facilitar el transporte de la misma. La tarima móvil fue utilizada por primera vez en Matiguás, el domingo 19 de agosto, durante la apertura oficial de campaña, y medía 40 pies de largo por 17 pies de ancho, con una altura de 5.5 pies y una carpa montada a 10 pies por encima y a lo largo. La tarima incluyó un pequeño estrado de madera, que medía 15 x 10 pies y sobre el que se ubicarían solamente la fórmula presidencial y sus respectivas esposas. La carpa estaba preparada con pliegos de aislante para reducir la intensidad del calor y con dos abanicos posicionados detrás de los candidatos. En el extremo contrario, la tarima más pequeña fue la utilizada el jueves 9 de agosto en Boca de Sábalos en el departamento de Río San Juan, donde dos sillas colocadas una junto a la otra, sirvieron de tarima. Enrique Bolaños pronunció su discurso frente a unas doscientas personas congregadas en una apretada sala en una casa con zancos y techo de zinc, donde la temperatura debe de haber alcanzado los 42 grados. Como corolario al tema de las tarimas, Porta Córdoba rememora que lo más difícil para el equipo de campaña del entonces candidato Enrique Bolaños era el control para limitar el acceso a las mismas: todos querían estar arriba e inventaban parentescos e historias con tal de lograr su objetivo; otro de las dificultades representaba la entrada y salida de los candidatos a Presidente y Vicepresidente por las solicitudes de los simpatizantes para que les autografiaran gorras, camisetas o afiches, entre otras cosas. Se relata igual, que lo más fácil de los mítines a que asistió don Enrique era encontrar los voluntarios para dirigir la palabra en los actos políticos; en ocasiones, eran 12 personas, entre candidatos a diputados, aliados, el PLC, los Amig@s de Bolaños, los aliados de Camino Cristiano Nicaragüense, Resistencia Nicaragüense, etc., etc., etc. Todos querían hablar, pero no siempre todos podían hacerlo. Además de los discursos, siempre había un acto cultural entre los mismos, así como la invocación del cura del pueblo y la animación musical típica de las campañas electorales.

Material de campaña. Dando continuidad al orden de Enrique Bolaños, el material que se distribuyó en su campaña electoral fue contabilizado en su totalidad. Gorras. Posiblemente ningún candidato en la historia política de Nicaragua haya repartido tantas gorras como lo hizo Enrique Bolaños antes y durante la campaña oficial. Según datos suministrados por Miguel Ángel García, quien laboraba en el equipo de campaña en la administración de la misma, un total de 452,872 gorras de todo tipo y calidad fueron repartidas por toda Nicaragua. Era una escena común, días antes de las elecciones, encontrarse con cientos de personas usando las gorras rojas del PLC. Hacia el final de la campaña, se transportaban a cada evento un promedio de 15 bolsas de 200 gorras cada una (3,000 unidades). El candidato desarrolló una respetable puntería y un insaciable apetito por más y más gorras, aunque él pocas veces llegó a usarlas. Las camisetas de campaña fueron otro elemento importante de la propaganda electoral. Aunque menos cuantiosas que las gorras, las camisetas también figuraron en la lista de artículos propagandísticos obsequiados en la campaña. Según Miguel Ángel García, se entregaron un total de 51,298 camisetas. Asimismo, durante la campaña se acostumbró la entrega de Utillajes de béisbol, algunas veces al líder de la localidad o los candidatos a diputados del departamento con dos o tres utillajes de béisbol en cada concentración. Considerando que éste es el deporte preferido de los nicaragüenses, este tipo de obsequio tuvo mucha aceptación en la comunidad. Otro elemento de la campaña de Bolaños Geyer fueron las pelotas de softbol. No sólo fue este regalo un suvenir muy apreciado por las concurrencias a los eventos, sino que se transformó en un ritual reconocido y gustado que fue sofisticándose más con cada concentración. La rutina consistía en que don Enrique lanzaba pelotas de softbol a la concurrencia, todas autografiadas por él. La idea fue la de simbolizar el *ponche* que el candidato lanzaría a Ortega el día de las elecciones. Al inicio, sólo Bolaños Geyer y el Dr. José Rizo ejecutaban los lanzamientos, pero después se optó por invitar a los representantes de los partidos aliados, alcaldes, familia y amigos a hacer los lanzamientos, lo cual elevó la cantidad de pelotas requeridas en cada evento. En el cierre de campaña de Managua, un total de 700 pelotas fueron arrojadas desde las diferentes tarimas para regocijo de los simpatizantes. Hasta las fotografías autografiadas del candidato se llevó el registro en la campaña y fueron dos los tipos de fotografías se escogieron como suvenires. Una de saco y corbata (la fotografía oficial que utilizó como Vicepresidente) y una de camisa roja sobre un fondo celeste brillante. Recibir una de éstas fotografías autografiadas se convirtió en motivo de orgullo para los afortunados, pues se obsequiaban con menos frecuencia que las gorras u otro artículo de propaganda. Detalles adicionales de la propaganda electoral entregada por Enrique Bolaños y sus allegados sumaron 19,343 banderas de tela, 75 mil cuadernos escolares, 327,113 calcomanías, 53,710 delantales, 1 mil viseras, 4,197 estandartes y la utilización de 2,130 mantas publicitarias.

Para hacer que una lámpara esté siempre encendida, no debemos de dejar de ponerle aceite
Madre Teresa de Calcuta

Las giras del candidato

Una campaña electoral en cualquier país del mundo, cansa. Es necesaria no sólo condiciones físicas, sino mentales, anímicas y emocionales. Enrique Bolaños tenía 73 años y no era el adolescente estudiante del colegio Centroamérica. Pero eso no fue problema para el ingeniero metido a político. En el camino se quedaron secretarios, médicos, asistentes y muchos otros colaboradores que no aguantaron el ritmo de Bolaños; su salud era envidiable. Las giras de Bolaños Geyer a partir del mes de junio del 2001 en que se inscribió su candidatura fueron: Chinandega (3) Managua (10) Madriz (5) Rivas (4) Boaco (5) Chontales (4) León (5) Masaya (3) Río San Juan (2) Nueva Segovia (3) RAAN (4) RAAS (3) Matagalpa (3) Jinotega (2) Carazo (2) y Granada (3) para un total de 67 giras departamentales y un total de 265 reuniones y mítines políticos en un período de 81 días. Estas giras demandaron la movilización del candidato por tierra, agua y aire, lo cual generó las siguientes cifras: 27,634 kms. por tierra; 4,515 kms. por aire (avioneta y helicópteros) y 90 kms. en pangas, para un total de 32,239 kilómetros, lo que equivale a haberle dado la vuelta a Nicaragua un poco más de 21 veces, si se toma como base que el triángulo imaginario formado por el territorio nacional (Cosigüina-San Juan del Norte-Cabo Gracias a Dios) mide aproximadamente 500 kilómetros por lado.

La correspondencia en la campaña

Una de las obsesiones de Enrique Bolaños, desde los tiempos en que fungió como vicepresidente de la República, había sido la de contestar la totalidad de la correspondencia dirigida a su persona. Debido a su popularidad, y a pesar de que no había sido electo aún presidente, el candidato liberal recibió una gran cantidad de cartas a través de cuatro vías principales: la casa de campaña, sus visitas a los municipios, su residencia en El Raizón y a través de sus amigos. El procesamiento de la correspondencia estuvo a cargo de un equipo de diez personas, quienes se encargaban de recibirlas, registrarlas, clasificarlas, consultarlas y contestarlas. La cantidad de cartas recibidas en El Raizón llegó a ser tan numerosa a veces como la recibida en la casa de campaña, aunque nunca comparada con la cantidad de cartas entregadas a los secretarios durante las giras de campaña al interior de país. Ambos secretarios –Julio Vega y Roberto Porta Córdoba- tuvieron que adoptar una bolsa tipo canguro exclusivamente para guardar las cartas y papeles de todo tipo (desde paquetes de cigarro hasta envolturas de Eskimo) entregadas a Enrique Bolaños en las tarimas o a su paso hacia éstas. Se volvió una escena común ver como el candidato mismo o el candidato a vicepresidente de la República Dr. José Rizo Castellón inclinándose desde la tarima para recibir los papelitos durante los diferentes actos. Al inicio, llenar la bolsa canguro tomaba un día entero y sólo después de visitar 4 municipios, pero al final de la campaña, la bolsa se llenaba inmediatamente después de la primera actividad del día, teniendo los secretarios que vaciarla en otras bolsas constantemente. Desde el mes de junio hasta el 3 de noviembre del 2001, el ingeniero Enrique Bolaños Geyer recibió 7,700 cartas de contenido social, 2,038 con motivaciones o sugerencias políticas y 57 cartas de otro tipo para un total de 9,795 cartas. Las de orden social eran en su mayoría peticiones al candidato para ayudar a personas de escasos recursos. Según el acucioso Secretario en la campaña, Roberto Porta Córdoba, la carta más grande recibida fue una que midió 86 x 56 centímetros (Comarca Santa Marta, RAAN, registrada bajo el número CC-8272) y la más pequeña, una que midió 10 x 5 centímetros (Bosques de Altamira, Managua, registrada bajo el número CC-2936).

El amigo es otro yo. Sin amistad el hombre no puede ser feliz
Aristóteles

Los amig@s de Bolaños y los Lilas.

Esta idea surgió espontáneamente ante la necesidad de crear un foro desde el que todas aquellas personas que se identificaban con los valores y principios democráticos de Enrique Bolaños, pero que no estaban necesariamente afiliadas a ningún partido político, podían trabajar coordinadamente en el apoyo a su campaña. El coordinador nacional de este programa fue el Doctor Mario Alonso, llegando a sumar más de 100 mil colaboradores.

Otro grupo importante que apoyó a Enrique Bolaños fue el autodenominado *Los Lilas*, que eran disidentes del Partido Conservador (PC) que apoyaron la candidatura del ingeniero Enrique Bolaños Geyer y del doctor José Rizo Castellón. Eventualmente, este grupo fue expulsado del Partido Conservador por su respaldo a la fórmula del PLC en un acto en el Centro de Convenciones Olof Palme, al que asistieron aproximadamente 2,000 conservadores. Entre las figuras más visibles se encontraban los dirigentes verdes Yalí Molina Palacios, William Báez, Jaime Vega Luna y Reynaldo Hernández. El nombre de *Los Lilas* derivó de un comentario hecho por Don Enrique, en el que decía que cuando se mezclaba el verde con el rojo, el color resultante era el color lila, aunque no tenía nada que ver con doña Lila T. El resto de los conservadores apoyaron la candidatura del señor Alberto Saborío Morales, un poco conocido político conservador *agüerista* que había sido diputado en el régimen somocista y que llevaba de compañera de fórmula a la señora Consuelo Sequeira; ambos habían ocupado las candidaturas abandonadas a la Presidencia de la República de los doctores Noel Vidaurre Arguello y Carlos Tunnerman Berheim. Saborío Morales era visto como parte del juego del FSLN por dividir el voto de la oposición anti-sandinista, aunque muchos dirigentes verdes, como el ingeniero Ernesto Leal Sánchez abiertamente llamaron al voto cruzado, que quería decir votar por el Ingeniero Enrique Bolaños Geyer y el doctor José Rizo Castellón para Presidente y Vicepresidentes y por los candidatos verdes a la Asamblea Nacional. Alberto Saborío obtuvo un insignificante 1 % de los votos.

La gente rara vez tiene éxito, a menos que se divierta con lo que hace
Dale Carnegie

Las diversiones de Bolaños.

Enrique Bolaños daba la impresión de no divertirse nunca. Contó que en alguna ocasión, sus paseos eran con sus hermanos a fincas vecinas a Masaya donde concurría en carretas. No era un rigioso del mar. Pero durante su presidencia, en una única ocasión, en el primer año de gobierno supe que don Enrique visitó su modesta casa mareña ubicada en Casares. Uno de sus más atentos ayudantes, nombrado justamente Secretario Personal, recuerdo que me llamó telefónicamente en ese abril del 2002 para que *no olvidara llegar a saludar a don Enrique...* Debo confesar que al no conocer completamente los protocolos presidenciales o los servilismos tropicales, lo dudé. Recuerdo haberle dicho a mi solícito invitante. *Pero oíme. Dijo don Enrique que llegara?* Mirá, me dijo el robusto asistente. *Vos sos de casa. Tenés que venir. No necesitas invitación. Es más, me dijo, cuidado no traes a la Carolina y a tus hijos...* Recordaba pues a Carlos Fuentes y su *Silla del Águila*, noble ensayo convertido en novela. Dios mío, increíble la similitud novelesca del México imaginario del Fuentes del 2020, con la Nicaragua del 2002. No fui. No porque no me hubiese gustado saludar con un apretón de manos a don Enrique, sino porque no sabía si mi presencia -en tan íntimo lugar- era oportuna. Bolaños pues, no era aficionado a la playa. Esa vez que me *invito* insólitamente el diligente ayudante de don Enrique, no concurrí pues no estaba seguro si mi presencia se notaría o mejor dicho, se aguantaría en un íntimo ambiente familiar. A don Enrique no le llamaban la atención los desfiles hípicos; ni los concursos de belleza; ni el boxeo, ni casi nada, quizás una que otra película o ir de vez en cuando al cine.

En la pelea, se conoce al soldado; sólo en la victoria, se conoce al caballero
Jacinto Benavente

Presidente electo

A pesar de lo que se vislumbraba de dificultades en el seno de su partido, por la decisión del ex presidente Arnoldo Alemán Lacayo de ocupar la presidencia de la Asamblea Nacional una vez abandonara su cargo el 10 de enero del 2002, Enrique Bolaños Geyer confiaba en su estrategia y siempre ponía como ejemplo los resultados recientes. Decía *En octubre del año 2000 dije, yo voy a renunciar para lanzarme a la candidatura y los medios decían y la opinión de muchos eran, no lo va a nominar el partido. Gané la nominación. Bueno ganó; pero no va aguantar la campaña a su edad, y pasó febrero y estaba callado, y pasó mayo, y en ese momento señalaban, no va a poder. Estábamos haciendo todo el plan y habíamos decidido que no arrancaríamos hasta finales de mayo o comienzo de junio, porque una campaña larga más bien es contraproducente, aburre al público. Arrancamos y venimos de abajo para arriba, si hombre, si vamos a ganar y vamos a ganar con un buen margen.* Bolaños tenía razón y era el presidente, aunque al final su presidencia fue una lucha tormentosa contra sus adversarios–los sandinistas de Daniel Ortega- y sus nuevos adversarios liberales, -los fieles seguidores del ex presidente Arnoldo Alemán Lacayo, con lo que no contaba. Aunque las intenciones del presidente electo eran sanas, no bastaba con ello. Decía Bolaños Geyer, días después de su arrolladora victoria en una entrevista: *Lo que queremos es componer de aquí para adelante. Debemos de ver el futuro, debemos de ver hacia delante. Necesitamos componer la pureza mejor del sistema judicial, buenos avances se han hecho en el sistema judicial, producto de muchos contactos que ha tenido la Corte*

Suprema de Justicia con organismos internacionales y asesorías, etc. Injusto sería si digo que no ha habido avances, pero hay que componer la partidización en la Corte y en muchos jueces, y en muchos tribunales de justicia. Hay que despartidizar, eso que un magistrado diga yo aquí vengo detrás de los intereses de un partido» no es bueno. Ahí llegan a defender la justicia y queremos llegar a eso.

Los hombres y pueblos en decadencia viven acordándose de dónde vienen; los hombres geniales y pueblos fuertes sólo necesitan saber a dónde van
José Ingenieros

Incierto y frágil escenario

Alemán continuó controlando el PLC. Ejercía importan influencia sobre la mitad de los magistrados de la Corte Suprema de Justicia y sobre la mayoría de diputados liberales que había ayudado a seleccionar y que lo elegirían Presidente del Poder Legislativo posteriormente. Y con todos estos poderes pretendía controlar al Ejecutivo. El desafío que tiene ante sí Enrique Bolaños para frenar, neutralizar o convivir con este poder autoritario, arbitrario y estrafalario, era muy complejo, señaló en su momento la Revista Envío de la UCA. El ajedrez político sería intenso. Si Bolaños lograba atraerse -¿podrá hacerlo sin recurrir a comprar voluntades con prebendas y cañonazos a un sector de los diputados liberales, dividiendo la mayoritaria bancada de 53 diputados liberales entre bolañistas y alemanistas, se formarían de hecho tres bancadas en el Parlamento, lo que le daría una dinámica menos cerrada a esta nueva Asamblea nacida del pacto. ¿Podría estabilizarse tan frágil escenario? ¿Y a quién apoyarán los 38 diputados sandinistas: a los bolañistas o a los alemanistas? Dirigentes sandinistas habían reiterado que Daniel Ortega negociaría más cómodamente con Alemán que con Bolaños.

En este contexto, no podía descartarse una segunda etapa del pacto Alemán-Ortega, (como al final sucedió) cuyos alcances y duración nunca quedaron claros. Sería un re-pacto en el Legislativo orientado a obstaculizar al Ejecutivo y eventualmente a recortarle el período constitucional como presidente a Enrique Bolaños, transformando la Asamblea en un campo de batalla permanente. Este escenario, era el peor de todos, era posible recordando que la base del pacto había sido el reparto a dos bandas, entre dos carteles políticos y económicos, de territorios de corrupción y de impunidad. ¿Serviría la necesidad que Daniel Ortega tenía en la Convergencia -que decían rechazarían el re-pacto- como freno para no dejarse caer en la tentación?

El derrotado candidato de las últimas tres elecciones presidenciales por el FSLN, el comandante Daniel Ortega Saavedra sacaría también sus rencores acumulados cuando acusó de fraudulento el ascenso a la presidente del Ingeniero Enrique Bolaños Geyer, aun después de haber llegado a felicitar al presidente electo. Dijo textualmente Daniel Ortega: *Todavía, en esas elecciones del año 2001, muchas familias pobres, sencillas, confundidas, atemorizadas, algunas de ellas incluso, llenas de encono, de odio, todavía sin lograr entender que es necesario que los nicaragüenses erradiquemos el odio y nos reconciliemos. Y el Ingeniero Enrique Bolaños, electo fraudulentamente, le habría prometido al pueblo lo mismo que le había prometido la Señora Chamorro; el Ingeniero Bolaños le habría prometido al pueblo lo mismo que le había prometido el Doctor Alemán.* Era la forma de criticar de Daniel Ortega. Era su frustración personal la que reflejaba en sus mensajes a las bases de su partido para justificar sus tres derrotas consecutivas en los años 1990, 1996 y 2001. Eran 16 años de sufrimiento por ser siempre el perdedor, lo que superó en el año 2006 ante la división de la oposición anti-sandinista que obtuvo en su total, el 62 % del respaldo popular. Pero Ortega Saavedra era el triunfador con el 38 %, tal como se estableció en la edición del pacto político del año 1999.

El político se convierte en estadista cuando comienza a pensar en las próximas generaciones y no en las próximas elecciones
Winston Churchill

Capítulo V
A jinetear el Macho

El que es elegido príncipe con el favor popular debe conservar al pueblo como amigo
Nicolás Maquiavelo

Toma de Posesión

Superados los obstáculos e inconvenientes de los equipos de entrega y recepción, los ministros y secretarios del gobierno entrante fueron convocados al Hotel Intercontinental Metrocentro para abordar el autobús que los llevaría al Estadio Nacional, seleccionado como el escenario para el traspaso de la banda presidencial. Los ministros y secretarios fueron acompañados por sus conyugues e hicieron su ingreso al Estadio Nacional ante la presencia de los presidentes de Guatemala, El Salvador, Honduras, Costa Rica, Panamá, Colombia, así como del Príncipe heredero de la corona española, S.A.R. Felipe de Borbón, y de delegaciones de 40 Estados e instituciones internacionales. La bancada legislativa del Frente Sandinista no asistió a la ceremonia y la misma se desarrolló de forma lenta y solemne, como estaba previsto. El presidente saliente Arnoldo Alemán Lacayo hizo su ingreso de último, lo que no respondía a lógica alguna, pues el protocolo indicaba que dicho estaba reservado para el presidente entrante, pero hasta ese momento logró imponer su voluntad el saliente presidente.

Después de declarada abierta la sesión solemne por el presidente de la Asamblea Nacional, el señor Oscar Moncada, el doctor Alemán Lacayo pronunció un largo discurso que contenía un resumen de su gestión presidencial en el quinquenio 1997-

2001. Concluido el mismo, entregó la banda presidencial al Señor Moncada, quien a su vez la impuso al nuevo presidente de la República.

Una nación sin elecciones libres es una nación sin voz, sin ojos y sin brazos
Octavio Paz

La Banda Presidencial

Un asunto sin trascendencia pero no menos anecdótico, fue el traspaso de la banda presidencial. No había costumbre porque no se acostumbraba un traspaso ordenado. No había tampoco protocolo que indicase el proceder. Los nicaragüenses recordaban que el 25 de abril de 1990, Daniel Ortega entregó la banda presidencial a doña Violeta de forma directa. Únicamente con la asistencia del ayudante de Ortega, Pitín Lacayo. Doña Violeta la traspasó directamente al doctor Alemán. El doctor Alemán la traspaso al presidente *interino* de la Asamblea Nacional, quien la impuso a Bolaños Geyer, al igual que hizo Bolaños en el 2006 al entregarla al Presidente de la Asamblea Nacional Rene Núñez Téllez y este, nuevamente, la regresó a Daniel Ortega. Esa, la que le entregó don Enrique a Daniel, era la de verdad. La que entregó el doctor Alemán Lacayo a don Enrique Bolaños, nunca fue la que se quitó. No se podía. La que utilizaba el ex presidente Alemán Lacayo era demasiado grande por su volumen, para el más bien, pequeño nuevo presidente. Le hubiera quedado gigantesca. Nadie lo notó.

Moncada asumió la presidencia con el compromiso interno en el PLC de renunciar a la misma pocos días después para que se eligiera al ex presidente Arnoldo Alemán Lacayo, iniciándose la pugna por el control del poder político. El presidente Bolaños Geyer fue juramentado ante la biblia, cumplir y hacer cumplir la Constitución Política y las leyes.

La política es un acto de equilibrio entre la gente que quiere entrar y
aquellos que no quieren salir
Jacques Benigne Bossuet

Advertencias

Enrique Bolaños Geyer fue firme en su primer mensaje como presidente de todos los nicaragüenses. Dejo claro su interés por luchar contra la corrupción, despartidizar las instituciones del Estado, transparentar la administración pública, desarrollar la economía atrayendo inversiones y dejando claro que desde ese día en adelante, él era el Presidente de la República.

En el Estadio Nacional *Dennis Martínez* cerca de la 12:40 de la tarde inició a la salida protocolaria del nuevo mandatario, los Jefes de Estado y de Gobierno que asistieron y las delegaciones internacionales representando a 42 países de los 5 continentes, además de las autoridades de los otros poderes del Estado e invitados especiales. Al concluir su discurso, el presidente constitucional de la República de Nicaragua para el periodo 2002-2007 procedió a tomar la promesa de ley al Comandante en Jefe del Ejército, General Javier Carrión McDonough y demás miembros de la comandancia del Ejército de Nicaragua, así como a la Jefatura de la Policía Nacional. Esa tradición había iniciado en la presidencia del Doctor Alemán Lacayo y continuó con don Enrique en enero del 2002 y con el comandante Ortega Saavedra en enero del 2007. Concluida la ceremonia oficial de traspaso presidencial, los nuevos funcionarios se dirigieron a Casa Presidencial para ser juramentados por el nuevo presidente, quien posteriormente recibió en audiencias privadas a los dignatarios y jefes de delegación. El recorrido de Enrique Bolaños del Estadio Nacional a la Casa Presidencial lo hizo en un vehículo de colección del empresario Mario Salvo Horvilleur y era simbólico al ser un Ford 1928, el mismo año en que nació el presidente Enrique Bolaños Geyer.

La palabra tiene mucho de aritmética: divide cuando se utiliza como navaja, para lesionar; resta cuando se usa con ligereza para censurar; suma cuando se emplea para dialogar, y multiplica cuando se da con generosidad para servir
Carlos Siller

Los primeros 100 días

Ni siquiera los 100 días de luna de miel le permitieron al presidente Enrique Bolaños, sino por el contrario; desde el inicio fue una lucha sin cuartel. Tal como había prometido en varios de sus discursos y en su Programa de Gobierno, Enrique Bolaños brindó un papel relevante al Consejo Nacional de Planificación Económica y Social (CONPES) tal como lo mandataba la Constitución Política, y fue en ese escenario que pronunció un Discurso a la Nación a los 100 días de su gobierno. Bolaños Geyer había aumentado sustancialmente la aceptación adicional al más del 54 % de votantes con que obtuvo el solio presidencial. A pesar de las dificultades, el gobierno prometía muchos éxitos, pero principalmente, inversión extranjera, empleos y transparencia.

Los mega salarios

Los salarios en el Poder Ejecutivo, eran muy altos, especialmente cuando se comparaba con los ingresos de un maestro o un soldado del ejército devengaba el equivalente a US$ 140 dólares mensualmente, algunos ministros en la administración del doctor Alemán devengaban más de 10 mil dólares netos, era abismal la diferencia, no tanto como los US$ 30 dólares que se les pagaba los maestros en los años 80´s, pero era una gran diferencia; con don Enrique en el gobierno, la diferencia siguió siendo grande, pero no a los niveles señalados. Aun en el nuevo gobierno de Ortega, siguen siendo casi igual a los de Enrique Bolaños. Por lo menos *sobre la mesa*. Así fue. El tema de cómo serían los salarios de los funcionarios del gobierno de Enrique Bolaños Geyer, nunca fue discusión, más que a lo interno y con mucha discreción entre algunos de los más cercanos colaboradores. Las primeras dos semanas de gobierno, nadie recibió salario alguno. Bolaños Geyer encomendó a su ministro de Hacienda y Crédito Público, Eduardo Montealegre Rivas que elaborara una propuesta reduciendo los mismos. En el gobierno anterior algunos funcionarios públicamente reconocieron ingresos mensuales de hasta más de US$ 20 mil dólares Los ministros eran miembros de hasta 9 Juntas Directivas de instituciones y entes autónomos donde percibían jugosas dietas por participar en dichas sesiones. Era normal entonces, que un ministro percibiera ingresos superiores a los 13 mil dólares, (libres de impuestos), así como libre introducción de vehículos, tarjetas de créditos sin límite, etc., etc.

Montealegre se parecía mucho -en eso- a Bolaños. También consideraba que había que reducir sustancialmente los salarios de los ministro y estableció una clasificación de Ministros "A" y "B", e igual para los secretarios. No habría ningún tipo de pago, ni dietas, ni honorarios para los ministros -que en función de su cargo- ocuparan cargos en Juntas Directivas del Estado. Los viáticos en viajes al exterior se redujeron en un 40 %. Sólo el Presidente podía viajar en Clase Ejecutiva; los ministros únicamente cuando el viaje fuera de más de 8 horas, es decir a Europa o Asia. De verdad se eliminaron las tarjetas de crédito y la propuesta de reducción de salarios en comparación con el gobierno anterior fue del 50 %, la primera vez. Un año más tarde, Bolaños ordenó una nueva reducción salarial de hasta el 20%. Muchos ministros se molestaron. Externaron en privado su molestia, pero hasta ahí llegaban las *protestas*. Nadie renunció por ello. Al final del gobierno de Enrique Bolaños en el año 2006, un ministro de Estado percibía el 40 % de los ingresos nominales que se le pagaba a un Gerente de un Banco, además, los pagos no estaban dolarizados, lo que significó una depreciación anual de 5 %, y un acumulado en el quinquenio de 25 %. Igual fue la orden, por lo menos en la presidencia y algunos ministerios se cumplieron cabalmente en lo referido a los vehículos asignados. Nadie, nadie con más de un vehículo. ¡Y que vehículos los que dejaron! Pero esa fue la orden de Bolaños y se cumplió. Un solo vehículo nuevo no se compró para uso de la presidencia de la República en los 60 meses de Bolaños Geyer. Al dejar el gobierno en los bienes de la Presidencia el vehículo más *nuevo* tenía 6 años y había sido donado por la Embajada de Taiwán al despacho del Presidente Bolaños. Era el vehículo que usaba el embajador y lo habían dado de baja y fue entregado para el uso de la presidencia. Era un Mercedes Benz año 1999 que ahí quedó. El resto de la *flota presidencial* tenían un promedio de 9 años, todos heredados de la administración del presidente Alemán Lacayo. No se puede afirmar que así fue en todos los ministerios, pero si en muchos de ellos. Honesta y retrospectivamente analizando el comportamiento de Bolaños en el tema de los vehículos que usaba, hay que definir su actitud como irresponsable, pues no fue una vez, fueron al menos 10 veces que el vehículo que transportaba al presidente de la República quedaba averiado. Una vez, regresando de la ciudad de León, el presidente Bolaños Geyer esperó al entonces Secretario de la Presidencia Eduardo Montealegre quien le dio *ride* en *Las Piedrecitas,* cerca de Managua, pues el *vehículo presidencial* quedó inservible. La seguridad personal de la Policía Nacional siempre insistió sobre el tema de los vehículos con el presidente Bolaños, pero nunca ganó la partida y no se compró vehículo alguno Con esa austeridad, también manejaba todo lo que podía Bolaños durante su Presidencia. Una vez en Madrid, en abril del 2002 en ocasión de la Cumbre Unión Europea-América Latina a la que asistió el presidente Bolaños, en mi calidad de Secretario Privado, le indiqué al Embajador de Nicaragua en Madrid como manejaba el presidente los temas de las *suites presidenciales...* pero no hizo caso y reservó la suite presidencial del Hotel Intercontinental en Paseo Castellana. Llegamos a Madrid y llevaron al Presidente a la suite, de la que se cambió de cuarto en cuanto supo que el costo era de 800 euros por noche, no sin antes recriminar al Embajador. *Si solo vengo a dormir al hotel Embajador; yo no ando con chochadas y no podemos pagar lo que cuesta una suite; no se preocupe y cámbieme de cuarto* le dijo Bolaños al diplomático regañado que le representaba ante Juan Carlos I.

El Nepotismo

Una de las acusaciones que más utilizaron para tratar de desacreditar al gobierno de Enrique Bolaños, tanto los liberales como los sandinistas, fueron las acusaciones de nepotismo en su administración. Una de las acusaciones más repetidas fue con relación a su nieta, Lila María Bolaños Chamorro, hija de Enrique Bolaños Abaunza, quien era Ministro-Consejera en la Representación de Nicaragua en la Organización de Estados Americanos. Bolaños Chamorro desempeñaba esa función desde la Administración de Arnoldo Alemán Lacayo, es decir, Enrique Bolaños Geyer no la había nombrado en el cargo.

Su esposa, la Primera Dama de la República, Lila T. Abaunza de Bolaños (q.e.p.d.) nunca recibió salario alguno en el ejercicio de sus funciones de carácter social y humanitario. Del Estado, lo único que se cubría eran los gastos en función de acompañar al presidente Enrique Bolaños Geyer en las giras internacionales, muchas de ellas cubiertas por los anfitriones. Durante sus 5 años de gobierno, Enrique Bolaños nunca firmó un Acuerdo Presidencial (como se puede comprobar en la Biblioteca Virtual del Presidente Bolaños) con nombramiento ministerial, viceministerial o de jefatura de ente autónomo del gobierno en un ciudadano que llevase los apellidos Bolaños, Geyer, Abaunza o Davis, entre otros. Lo más que hizo fue otorgar la Orden *Rubén Darío* a su hermano, pero no lo hizo por ser su pariente, sino por méritos propios del Doctor Alejandro Bolaños Geyer (q.e.p.d.) poco antes de su muerte. El Doctor Bolaños Geyer fue autor de valiosas obras históricas y esa condecoración era estrictamente de carácter honorifico, es decir, no conllevaba ningún emolumento económico. Bolaños fue igual de tacaño con sus propios ministros hasta en eso. Con excepción del ex Secretario de la Presidencia y ex ministro de Hacienda y Crédito Público, Eduardo Montealegre, en reconocimiento a su trabajo como Ministro de Hacienda y Crédito Público que condujo a la condonación del 70 % de la deuda externa heredada del primer gobierno sandinista. Nadie más (que no fueran póstumas) fueron receptores de las condecoraciones que él tenía la potestad de entregar. Únicamente fueron condecorados –quien murió en el ejercicio de cargo- el Secretario de la Presidencia, ingeniero Ernesto Leal Sánchez, y el Procurador General de la República, doctor Oscar Herdocia Lacayo, ya en su lecho de enfermo en octubre del 2002. Esta condecoración que otorgó Bolaños a Montealegre en octubre del 2004, fue vista en algunos sectores a lo interno del gobierno y también en los círculos políticos del país, como un respaldo tácito a la aventura que iniciaba el ex ministro Montealegre para buscar la candidatura presidencial de noviembre del 2006 en su Partido Liberal Constitucionalista, cosa que al final no ocurrió, al ser expulsado del mismo. Al final, Montealegre quedó en segundo lugar, derrotado por Daniel Ortega Saavedra. Si autorizó el Presidente Bolaños al Ministerio de Relaciones Exteriores el otorgar condecoraciones a funcionarios de carrera de esa institución y también fueron condecorados al pasar a retiro el General de Ejército Javier Carrión McDonough y el posterior Comandante en Jefe del Ejército, General Moisés Omar Halleslevens Acevedo; igual reconocimiento merecieron el anterior Director General de la Policía Nacional, Edwin Cordero Ardila y la recién nombrada Directora General, Primer Comisionada Aminta Elena Granera Sacasa. Bolaños también condecoró al ex Director del Sistema Penitenciario, Prefecto Carlos Sobalvarro. Incluso, Enrique Bolaños condecoró a personalidades nicaragüenses de la cultura y otras disciplinas que eran de filiación política contraria, como Ernesto Cardenal, Carlos Mejía Godoy, los miembros de la Camerata Bach, entre otros.

Corte Suprema de Justicia

En la Constitución Política aprobada en Asamblea Nacional Constituyente en el año 1987, la misma se acomodó al estilo de gobierno autoritario que la revolución marxista demandaba. Eran los momentos en que el entonces Comandante de la Revolución Bayardo Arce Castaño proclamaba que la *Revolución, era fuente de Derecho*, lo que era aplaudido por muchos destacados juristas de entonces. Al triunfar la revolución en julio de 1979, el Estatuto Fundamental de Derechos y Garantías de los nicaragüenses, fue la norma superior que sustituyó temporalmente la constitución de 1974, derogada a la caída del último Somoza. Para entonces, los magistrados de la Corte Suprema de Justicia fueron designados bajo ese cuerpo normativo y es hasta 1987, con la nueva constitución que se aprobaron los mecanismos de selección de magistrados. Era simple. El presidente proponía y los diputados *escogían* entre los propuestos. Los diputados no tenían derecho a proponer a nadie. Únicamente el presidente.

Con una Asamblea Nacional dividida, los diputados de la UNO promovieron reformas constitucionales en 1995 , entre las que se incluyó la forma de seleccionar a los magistrados de la Corte Suprema de Justicia, otorgándole a los diputados iniciativas de ley para proponer candidatos –al igual que el Poder Ejecutivo-. Habiéndose eliminado la facultad que se otorgaba al Presidente de la República de seleccionar -de entre los magistrados electos- al Presidente del Poder Judicial. Fue por ello que al dejar la Presidencia doña Violeta en enero de 1997, de los 12 magistrados de la Corte Suprema de Justicia, 7 juristas eran *considerados* no-sandinistas: los doctores Guillermo Vargas Sandino (liberal), Rodolfo Sandino Arguello (conservador), Fernando Zelaya Rojas (conservador), Kent Henríquez Clair (de la región caribeña), Julio Ramón García Vílchez (socialcristiano), Francisco Plata López (propuesto por la democracia cristiana), Arturo Cuadra Ortegaray (liberal independiente) y uno más que no se sabía lo que era: el licenciado Francisco Rosales Arguello (ex sandinista y ex ministro del Trabajo en el gobierno de la Presidente Chamorro) y 4 identificados firmemente con el FSLN: Alba Luz Ramos, Josefina Ramos, Yadira Centeno y Marvin Aguilar. Curiosamente, a la fecha, 3 de ellos permanecen en sus cargos con el respaldo del FSLN, junto al licenciado Francisco Rosales Arguello, que 15 años después ya se cuenta como miembro del partido de don Daniel Ortega. Josefina Ramos, se volvió cercana al PLC y a Arnoldo Alemán y *quedó fuera* de la *carrera judicial.*

Al dejar la presidencia de la República, el Doctor Arnoldo Alemán Lacayo, la Corte Suprema de Justicia había cambiado en su balance. Con las reformas constitucionales del año 1999 el FSLN y el PLC, es decir, Ortega y Alemán acordaron incrementar -en el arreglo político- pasar de 12 a 16 el número de magistrados; 8 para cada partido; 8 para cada caudillo. Ortega, seguía gobernando *desde abajo*. Mejor que nunca. Producto del arreglo o del pacto alcanzado con el doctor Alemán Lacayo.

Bolaños intentó por primera vez incidir en la elección de los magistrados de la Corte Suprema de Justicia, en el año 2002. Se necesitaban votos y Bolaños apenas contaba con unos cuantos diputados, que fluctuaban entre 6 y 9, dependiendo de las circunstancias. Para elegir a los nuevos magistrados, se requería una mayoría de 56 votos de 92 diputados. Aun así, Bolaños dio la batalla con el respaldo de la sociedad civil y algunos medios de comunicación. La Asamblea Nacional había conformado una Comisión Especial para recibir las propuestas de candidatos, presidida por el entonces diputado liberal, Doctor Luis Benavides Romero; 84 fueron las candidaturas presentadas; los caudillos no se pusieron de acuerdo y durante varios meses, la Corte Suprema de Justicia funcionó con 11 magistrados, nada raro. Para tratar de promover un cambio en el Poder Judicial, el presidente Bolaños Geyer había conformado una Comisión Presidencial *ad hoc* que la dirigió el Doctor Iván Escobar Fornos, miembro de la Corte Suprema de Justicia, así como distinguidos y notables profesionales que revisaron la situación del sistema judicial. *En las próximas semanas nuestro país será testigo de la voluntad de acompañarme en hacer las cosas bien por Nicaragua. La elección de cinco magistrados es un reto,* señaló el mandatario en una intervención pública en Juigalpa, Chontales el 27 de abril del 2002. En julio de ese año , se debían elegir 5 nuevos magistrados, en sustitución de los magistrados que se les vencía el plazo: Josefina Ramos, Arturo Cuadra Ortegaray, Francisco Plata López, Kent Enríquez y Julio Ramón García Vílchez. La Corte –con los 5 salientes- quedaba conformada por 11 magistrados; seis sandinistas: Rafael Solís Cerda, Marvin Aguilar, Armengol Cuadra, Alba Luz Ramos, Yadira Centeno y Francisco Rosales; tres liberales: Iván

Escobar Fornos, Carlos Guerra y Guillermo Selva, y dos que se podían considerar *serios y profesionales*, incluso, amigos del Presidente Enrique Bolaños: Guillermo Vargas Sandino y Fernando Zelaya Rojas. Para prolongar el pacto prebendario de Ortega y Alemán, no se eligió a los magistrados con cargos vencidos; en septiembre del 2003 se les vencería el plazo igualmente a 3 magistrados sandinistas: Marvin Aguilar, Yadira Centeno y Francisco Rosales Arguello. Tenían que tomarse decisiones y el pacto, nuevamente, funcionó. Ortega y Alemán se repartieron *half and half:* 5 y 5 magistrados, dando paso a verdaderas *bancadas judiciales* en la Corte Suprema de Justicia: 8 por bando, tal como las denominó el constitucionalista Gabriel Álvarez Arguello.

Bolaños había tratado infructuosamente, en su búsqueda por convencer a los políticos tradicionales de la necesidad de escoger a los nuevos magistrados por razones de su experiencia y no por obediencia partidaria. *Queremos un Poder Judicial independiente, fuerte que responda a los intereses del pueblo. Un poder donde el juez se sienta motivado para llegar a ser magistrado por su honestidad y capacidad, que no sea premiado por su militancia o preferencia política. Que los magistrados sean independientes y no respondan más a intereses partidarios, religiosos, económicos, o de cualquier otra índole*, dijo Bolaños en su discurso, tal como había ofrecido muchas veces en las concentraciones partidarias en la búsqueda de la presidencia de la República. El discurso era el mismo. La realidad, era también la misma. Era un asunto de matemáticas simples. No cabía el raciocinio. Era un tema de *sumas y restas* y Bolaños no contaba con los diputados de su partido,, que juntos representaban 53 votos. Apenas 6, 7 u 8, dependiendo de las circunstancias, respaldaban al presidente liberal ante la locomotora ortega-alemancista.

El Diario LA PRENSA, precisamente, editorializó (5 de julio del 2002) sobre la elección de los magistrados de la Corte Suprema de Justicia y señaló: *Los magistrados que necesitamos: la función de impartir justicia es tan importante y delicada que no se le puede confiar a cualquier persona, mucho menos a* quienes por sus antecedentes pudieran ser sospechosos de que actuarían de manera parcial por motivos o intereses políticos, ideológicos, económicos, gremiales o familiares. En realidad, en cualquier esfera del poder público, quienes gobiernan, administran los bienes de la nación y velan por la seguridad y el bienestar de los ciudadanos, deben ser personas de probada honestidad, sentido de justicia, responsabilidad y eficiencia. Pero el Poder Judicial es el "poder terrible", según dijera el barón de Montesquieu, porque es el que decide sobre el bien y el mal; sobre la inocencia y la culpa; sobre el tuyo y el mío; sobre el honor, la libertad, los bienes e inclusive la vida de las personas. De modo que el poder de los jueces y magistrados es mayor que el de los sacerdotes, porque éstos pontifican sobre el bien y el mal sólo en sentido ético, mientras que aquellos lo hacen de manera vinculante, y, cuando se trata de la Corte Suprema de Justicia, nadie puede apelar sus sentencias definitivas. En consecuencia, no es por idealismo ni romanticismo político, sino por imperiosa necesidad de decencia institucional que demandamos que los jueces en general, y los magistrados de la Corte Suprema de Justicia en particular, sean personas seleccionadas entre los mejores profesionales del derecho, los más expertos, ilustrados, capaces, honestos, eficientes, responsables, apolíticos, idóneos e íntegros en todo el sentido de la palabra.

Es bien sabido que los males de la administración de justicia en Nicaragua se derivan ante todo de que los jueces y magistrados son escogidos con criterios partidistas y prebendarios. Y las consecuencias de esto son la retardación de justicia, la politización de las sentencias, el prevaricato, los fallos estrafalarios, el tráfico de influencias y tantas otras lacras que han desacreditado el oficio y la institución judicial ante los ojos y la conciencia de los ciudadanos. De modo que para comenzar a cambiar esta deplorable situación, hay que poner fin a la práctica viciosa de nombrar a los jueces y magistrados por razones políticas y con criterios partidistas. Y empezar a designarlos por méritos personales y profesionales, por capacidad e imparcialidad comprobadas, y sobre todo, por

independencia, o sea, por ausencia de compromisos de cualquier clase con partidos políticos, instituciones religiosas, organizaciones sociales, grupos empresariales y cualquiera otra entidad o persona que quiera o pueda influir —para sesgarla— en la administración de justicia. La independencia es el elemento esencial y sacrosanto de la función judicial. La independencia significa la no supeditación de la función judicial al poder político, su sujeción absoluta a la ley y al debido proceso, sólo del cual es que deben emanar los fallos o sentencias. Y por lo tanto es obligación de los diputados elegir como magistrados a los candidatos que hayan demostrado capacidad de mantener su independencia tanto del poder político como de cualquier sector de influencia. Pero la independencia de jueces y magistrados depende también del carácter y la personalidad de los individuos que sean escogidos para desempeñar la función judicial; de su formación ética, cultural y profesional; de su conocimiento del derecho; de la libertad y el valor que tengan para denunciar las injerencias en sus decisiones; de la integridad que posean para desecharlas y de la voluntad para enjuiciar a quienes se atrevan a querer inmiscuirse en la formación de su criterio y en el dictado de sus resoluciones. Entre las personas propuestas por el presidente Enrique Bolaños para llenar las cinco magistraturas que quedarán vacantes en este mes de julio, hay varias que reúnen los requisitos de idoneidad e integridad personal y profesional que se requiere para ser buenos magistrados. Pero la escogencia de nuevos magistrados será decisión de las bancadas parlamentarias, o sea de los partidos, y de estos dependerá que los nuevos magistrados sean buenos o malos, independientes o partidistas. De modo que sólo nos cabe manifestar la esperanza de que los diputados entiendan las señales que les están enviando la sociedad nicaragüense y la comunidad internacional, y que hagan la escogencia que les corresponde hacer, con inteligencia, honestidad y patriotismo.
La Asamblea permaneció sin elegir candidatos por varios meses hasta que se les venció el período a 4 magistrados más en agosto del 2003; la Corte Suprema de Justicia tendría entonces 9 vacantes de 16 puestos, lo que hacía inoperable el funcionamiento del Poder Judicial. En la presentación de sus

candidatos a magistrados el 28 de mayo del 2003, Bolaños exhortó a los diputados a escoger a candidatos idóneos para los cargos vacantes. *Esta es una extraordinaria oportunidad que tiene Nicaragua para avanzar con valor y mayor rapidez hacia la consolidación y profesionalización del Sistema Judicial. Aprovechemos pues, esta excepcional oportunidad de hoy, porque para dentro de cinco años, el deterioro y daño a la nación será mayo* dijo en un Mensaje a la Nación. *El fantasma del pacto vuelve a amenazar a nuestro pueblo. Los dos caudillos (Daniel Ortega y Arnoldo Alemán) que hace poco pactaron para dividirse el poder para beneficio propio de los partidos políticos que representan, no deben seguir ahora pretendiendo volver a dividirse la nueva Corte Suprema de Justicia que está por elegirse,* agregó.

Las reacciones no se hicieron esperar. El Doctor René Herrera Zúñiga, ex Secretario Privado del Doctor Arnoldo Alemán Lacayo y ex ministro de Gobernación, y en ese entonces diputado ante la Asamblea Nacional y después Magistrado del Consejo Supremo Electoral dijo: *Ni estamos eligiendo a extranjeros ni a delincuentes, vamos a elegir a nicaragüenses, hombres de Derecho. Los diputados hacemos la elección independientemente de lo que le guste o no a otras personas. No estamos hablando de pacto ni re-pacto, estamos hablando de la potestad que tiene la Asamblea Nacional de hacer la elección de los magistrados de la Corte Suprema de Justicia.*

Por su parte, el diputado René Núñez del FSLN respondió *La posición del Frente Sandinista ha sido de escoger a los candidatos que tengan más experiencia, que actúen apegados a Derecho y respetando la Constitución Política, profesionales en su trabajo y que estén dispuestos a asumir el cargo en aras del interés nacional. Esto no quiere decir que solamente los candidatos propuestos por el presidente (Bolaños) reúnen las calidades para ser electos magistrados. Yo pregunto, ¿hay que hacer un pacto con él, o cómo es la cosa?* El mensaje de los dos Renés, Herrera (del PLC) y Núñez (del FSLN) era claro, expresando la voluntad de los dirigentes de sus partidos y así fue. Al final ninguno de los propuestos por Bolaños fue considerado *idóneo*.

Los candidatos a Magistrados propuestos por el presidente Enrique Bolaños Geyer en el 2002 fueron:

Francisco Boza Paiz	Víctor Manuel Ordoñez
Edmundo Castillo Ramírez	Josefina Ramos
Sergio Cuaresma Terán	Orestes Romero
Mariano Fiallos Oyanguren	Humberto Solís Barker
Jilma Herdocia Balladares	Luis Urbina Noguera
Erwin Hodgson Blandford	Rosa Marina Zelaya
Juan José Icaza Martínez	Carlos Hernández

Los nuevos propuestos en mayo del 2003 fueron:

Francisco Boza Paiz	Víctor Manuel Ordoñez
Ernesto Castellón Barreto	Roberto Sánchez Cordero
Edmundo Castillo Ramírez	Orestes Romero
Guillermo Estrada Borge	Alfonso Valle Pastora
Jilma Herdocia Balladares	Rosa Marina Zelaya
Erwing Hodgson Blandford	Gabriel Álvarez Arguello
Juan José Icaza Martínez	

Sin embargo, los argumentos del presidente Bolaños, así como las propuestas realizadas en consulta con la Sociedad Civil no sirvieron de nada. Al final, como quedó demostrado con la selección de los 9 magistrados de la Corte Suprema de Justicia, el pacto continuaba entre Ortega y Alemán. Las bancadas mayoritarias del Partido Liberal Constitucionalista (PLC), de Arnoldo Alemán Lacayo, y del Frente Sandinista de Liberación Nacional (FSLN) del Comandante Daniel Ortega, consumaron, el 13 de junio del 2003, la repartición prebendaria pactista de los nuevos magistrados de la Corte Suprema de Justicia. La designación. Las propuestas del presidente Bolaños fueron ignoradas por la mayoría parlamentaria de sandinistas y liberales, y la minoritaria bancada azul y blanco, formada con diputados aliados a Bolaños disidentes del PLC, quedó fuera de la negociación parlamentaria. Ex ministros de Alemán, diputados de la bancada liberal cercanos al ex mandatario y funcionarios judiciales recomendados por el FSLN, fueron los beneficiarios de la confianza de los diputados en la lista de los magistrados electos.

Cinco de ellos asumirán sus cargos el 20 de junio y cuatro más , en septiembre del año 2003. La elección de los nueve magistrados de la Corte Suprema de Justicia, abortó las aspiraciones de que con Enrique Bolaños en la Presidencia, se abriera la elección a nuevas propuestas. Nuevamente, llegaron a la Corte sólo los candidatos avalados por Ortega y Alemán.

Los nuevos magistrados designados fueron los liberales Edgard Navas (diputado), Nubia Ortega, Manuel Martínez (ex ministro del Trabajo en la administración del Doctor Alemán Lacayo) y Ramón Chavarría. Además por el FSLN, Ligia Molina, Roger Argüello (defenestrado posteriormente por un escándalo de corrupción) y Yadira Centeno, Marvin Aguilar y Francisco Rosales Arguello del FSLN. Analistas y colaboradores del Presidente Bolaños advirtieron que con la nueva composición de la Corte Suprema de Justicia, el ex presidente Alemán Lacayo tendría a magistrados suficientes para protegerle.

El secretario Jurídico de la Presidencia, Julio Vega, declaró al Diario LA PRENSA que el gobierno no impugnaría la elección de los magistrados, aunque lamentó que ésta hubiera sido resultado de un amarre político, en el que se pusieron de acuerdo las cúpulas del sandinismo y liberalismo, sin considerar siquiera a los candidatos propuestos por Bolaños. En una posición cercana al mandatario, el diario *La Prensa* en un editorial el 13 de junio del 2003, emplazó al presidente Bolaños a impugnar la elección si la Asamblea Legislativa persistía en ignorar sus propuestas y la demanda de la sociedad civil de reducir el número de magistrados de la Corte. En torno al proceso de elección de magistrados, se generó una polémica, en la que los diputados del FSLN y del PLC defendieron su derecho de designar unilateralmente a los *nuevos* magistrados, mientras La Prensa y voceros de la sociedad civil, recordaban que las propuestas de la Asamblea Legislativa tenían que darse con base a las listas recomendadas por el Presidente de la República, diputados de la Asamblea Nacional y en consulta con la sociedad civil.

En la sesión de elección de los nuevos magistrados, el diputado René Herrera, de la bancada del PLC, defendió el proceso, señalando que *los partidos políticos serán en la democracia generadores de la reforma constitucional, no las víctimas de caprichos insolentes de grupitos* y calificó las voces que adversaron el pacto de sandinistas-liberales como quienes fomentaban *la incertidumbre y la inestabilidad.*

La nueva presidenta de la CSJ, Alba Luz Ramos entró al debate, justificando la decisión de los partidos mayoritarios en la Asamblea que, al final, dijo, *representan a la ciudadanía y asegurando que, independientemente de sus orígenes, los nuevos magistrados deberán asumir una postura institucional y de defensa de la Constitución al asumir su cargo.* Una de las implicaciones más adversas de la conformación de la Corte Suprema, era que *en la medida en que para la designación de los magistrados se tomaron decisiones políticas y no jurídicas, este órgano del Estado continuaría politizado y generando fallos que respondieran a intereses políticos, y no a la ley*, dijo en su momento uno de los dirigentes de la Coordinadora Civil, Irving Dávila.

Para Dávila, el FSLN *había actuado con sagacidad, apretando la soga, según le conviene, al presidente Bolaños o al ex presidente Alemán, y aliándose coyunturalmente con uno u otro.* Lo que se evidenciaba era que los partidos mayoritarios estaban apoyando la conformación de la Corte Suprema de Justicia en función de intereses partidistas que le permitieran seguir *mandando*, entre bambalinas, ante un gobierno débil políticamente, como era el de Bolaños Geyer.

El ex presidente Alemán, a pesar de su *reclusión domiciliaria* en su hacienda *El Chile*, mostraba así, que se encontraba vigente políticamente y con control absoluto sobre sus diputados, y como muestra de que el pacto entre los dos ex presidentes se encontraba vigente. Según dijo el entonces Decano de la Facultad de Humanidades de la Universidad Centroamericana (UCA) doctor Donald Méndez, *en la elección de los nuevos magistrados, pesaron más los liderazgos partidistas dominantes en la Asamblea Legislativa que los intereses ciudadanos, y en todo el proceso se invisibilizó a la sociedad civil que acudió a presentar propuestas.* El resultado, expuso Méndez, era *una interpretación de la justicia sumamente partidizada y la pérdida de confianza de la población en que realmente pueda consolidarse en el país, un Estado de Derecho.*

Paralelo al re-pacto y reparto de las magistraturas en la Corte Suprema de Justicia, la imagen positiva de Bolaños (65% positiva) se nutría también de la imagen negativa que habían venido acumulando los dos caudillos de los otros dos polos de poder (Daniel Ortega: 34% positiva contra 60 % negativa y Arnoldo Alemán: 26% positiva contra 70% negativa, a quienes una mayoría de la población prefería verlos *apartarse de la política*, según la encuesta de la Consultoría M&R.

La fortaleza principal de Bolaños, irónicamente se encontraba fuera de las fronteras del país que gobernaba: la Comunidad Internacional, que percibía en su discurso y sus acciones, la mejor de las opciones para *poner de orden* a la Nicaragua de siempre. Sin embargo, eso no era suficiente. Muchas veces el Presidente Bolaños bromeaba con nosotros, diciéndonos que se encontraba con fuertes dolores de espalda (producto de los espaldarazos y palmadas que recibía de Jefes de Estado y de Gobierno) que lo *felicitaban y animaban* a continuar su lucha por cambiar las cosas en Nicaragua, pero que no se traducía en apoyo efectivo. *Ya no aguanto la espalda de tantas palmadas,* decía Bolaños.

La Carreta Vacía. Una de las intervenciones públicas más recordadas de Enrique Bolaños Geyer como presidente de la República fue el discurso que pronunciare en ocasión del XXIV aniversario de la fundación de la Policía Nacional en septiembre del 2003. La *guerra política* con los frentistas y liberales, se encontraba en su apogeo. La popularidad del mandatario nicaragüense lo proyectaba muy favorablemente ante la mirada complacida de la comunidad internacional y la sociedad civil. Bolaños no desperdiciaba oportunidad alguna para sembrar su mensaje y sus ideas sobre lo que él creía, debía ser el compromiso de todos los nicaragüenses para fortalecer la institucionalidad en el país, tal como precisamente la Policía y el Ejército lo habían venido desarrollando.

El presidente era sencillo y quería, al igual, que sus mensajes fueran sencillos. Pretendía que en cada intervención pública se dejase un mensaje; Esa era la razón y por ello se aprovechó la tribuna de una institución de prestigio, en ese entonces y cada vez, años después, más disminuido, que para tratar de sembrar la semilla de la importancia de descontaminar la función pública que Don Enrique, ante la necesidad de integrar la Corte Suprema de Justicia, que durante el acto de aniversario de la Policía Nacional en el 2003, el mandatario lanzó serios señalamientos contra el sistema judicial nicaragüense, y pasó de la simple crítica a la descalificación, y comparó el sistema de justicia con una *carreta vacía y frustrante*, que todo el mundo sabía que hacía ruido, porque precisamente. Iba vacía. Ante el discurso de Bolaños, la sandinista presidente de la Corte Suprema de Justicia reaccionó vilurentamente junto a otros empleados judiciales diciendo que *las declaraciones del presidente en nada contribuían a las relaciones de armonía y mutuo respeto que ambos poderes del Estado debían mantener.*

La doctora Alba Luz Ramos, en ese entonces presidenta (y que contínua, 10 años después) de la Corte Suprema de Justicia, explicó que, al Poder Ejecutivo (Bolaños) le hacían falta cuotas de poder en la Suprema Corte. *Pareciera que lo que buscan es intervenir en un poder que es independiente,* decía sin que los músculos de su cara reflejaran alteración alguna afirmando lo anterior. *Nosotros vamos a seguir luchando para ser operarios y cumplir con el deber que el pueblo nicaragüense nos ha delegado,* decía la jurisconsulta presidenta del máximo tribunal de justicia de Nicaragua. *Parece que el Presidente no se siente representado dentro del Poder Judicial,* acotó en dicha ocasión la magistrada.

El presidente Bolaños dijo –en dicha ocasión- que la justicia en Nicaragua era como una *carreta vacía,* lo que dijo representaba" *un verdadero obstáculo* para el desarrollo del país. Bolaños ejemplificó con el caso de que narcotraficantes capturados por la Policía *con las manos en la masa,* a las pocas semanas quedaran en libertad una vez remitidos a los Juzgados. *¿Cómo creen ustedes que se siente el oficial de Policía que arriesgó su vida y la de su familia al capturar a un narcotraficante con las manos en la masa, y que a las pocas semanas un juez lo deja en liberta",* se preguntó el presidente Bolaños, durante su discurso en el acto del XXIV aniversario de la Policía Nacional.

El mandatario manifestó en esa ocasión, que era por eso precisamente que uno de los puntos principales de su propuesta en el Plan Nacional de Desarrollo, era la profesionalización del Sistema Judicial. *Para que Nicaragua pueda acabar con cuchubaleos y re pactos, y que éste no sea nunca más el argumento ni el criterio para que se repartan los puestos de quienes están llamados a administrar justicia,* sostuvo Bolaños.

Por supuesto que sus palabras y pedimentos no servían para nada ante la voluntad indolente de los tomadores de decisiones que observaban los puestos en la administración de justicia como parte de un verdadero botín de guerra. Bancadas en la Corte Suprema de Justicia. Bancadas en los Tribunales de Apelaciones. Bancadas en los Juzgados de Distrito y locales. Todo se *arreglaba* con una telefónica llamada de *fulano* o de *mengano.*

Alba Luz Ramos, había pedido al mandatario nicaragüense un aumento en el presupuesto del Poder Judicial y dijo públicamente: *Yo se lo acabo de decir al presidente, dennos reales para seguir manteniendo la lucha contra la corrupción, la que hemos venido manteniendo*, dijo la magistrada sandinista. La funcionaria sandinista indicó que personalmente, *no se sentía aludida* por las críticas de Bolaños, las que consideró como una inadecuada justificación para intervenir en el Poder Judicial. *No soy corrupta, yo no he andado resolviendo casos por dinero, no he andado sacando delincuentes; han habido jueces que lo han hecho y los hemos destituido; si esa es la justificación para querer intervenir en el Poder Judicial, creo que es una mala justificación*, alegó la Presidenta de la Corte Suprema de Justicia bastante molesta con don Enrique Bolaños desafiante.

Bancada Azul y Blanco

El presidente Enrique Bolaños Geyer había exteriorizado sus preferencias por su ex compañero de clases en el Colegio Centroamérica, Jaime Cuadra Somarriba para que presidiera la Asamblea Nacional. Cuadra Somarriba era Presidente Honorario del PLC, al igual que Arnoldo Alemán y era un hombre de mucha trayectoria en su partido. El expresidente Alemán Lacayo no parecía dispuesto a darle gusto a su ex vicepresidente; él quería presidir el poder legislativo y lo logró. El 9 de enero del 2002, en Sesión Solemne la Asamblea Nacional eligió al diputado Oscar Moncada como presidente del Poder Legislativo, quien renunciaría pocos días después para realizar una *nueva elección* en la que resultó electo el Dr. Alemán Lacayo. Un grupo de diputados que apoyaron la candidatura a la presidencia de la Asamblea del ingeniero Jaime Cuadra Somarriba y que apoyaban abiertamente al presidente Enrique Bolaños, formaron una bancada al margen del PLC, denominada *Azul y Blanco*. Sus primeros integrantes fueron –además de Cuadra Somarriba-, Augusto Valle, Miguel López Baldizón, Alfredo Gómez Urcuyo y el conservador Jorge Matamoros. Posteriormente se integrarían a la bancada independiente, los diputados Jaime Morales Carazo y Orlando Tardencilla. En declaraciones a los medios de comunicación, Jaime Cuadra Somarriba rechazó que fuera una bancada del presidente Enrique Bolaños. *Nada tiene que ver Bolaños. Somos cinco diputados que estamos por lo mejor de Nicaragua y escogimos el nombre de Azul y Blanco; nosotros estamos aquí por Nicaragua, no por el partido*, dijo el veterano líder liberal.

Ante las amenazas, Jaime Cuadra dijo que no temía ser expulsado del PLC, partido del que era presidente honorario, al igual que Alemán. Él verá si lo hace; lo que nosotros estamos haciendo es promover una actitud de apertura para democratizar al partido. No le tengo miedo (a Alemán), soy presidente honorario y los estatutos dicen que podemos disentir. No le tengo temor a la expulsión porque estamos trabajando por Nicaragua, insistió Bolaños.

La religión es algo verdadero para pobres,
falso para sabios, y útil para dirigentes
Séneca

La Iglesia Católica

Enrique Bolaños había sido siempre un católico practicante. Igual era su esposa, doña Lila T. Muchas veces el matrimonio presidencial –una vez asumidas sus funciones- extrañaría sus tranquilas misas en Nindirí o en la Iglesia El Calvario o La Asunción de la Masaya. Ya ir a misa para el presidente era toda una aventura. Las filas de amigos y *nuevos amigos*; de correligionarios, funcionarios y aspirantes a funcionarios; de pobres y ricos era una realidad que no dejaba de interferir –como era lógico- en la vida de don Enrique y su esposa. Había quienes –en búsqueda de un encuentro *casual* con el presidente Bolaños o su esposa, indagaban con las más ocurrentes ideas para saber dónde asistirían a la misa del domingo, en búsqueda de la oportunidad de solicitarle algún *favor* al presidente; otros, simplemente por estrechar su mano. En los años 80´s, Enrique Bolaños había tenido una relación cordial y cercana con los jerarcas de la Conferencia Episcopal y muchas veces había defendido a los dirigentes espirituales ante los acosos y ataques del gobernante FSLN en la primera etapa de la revolución del 79. Ya con los años, doña Lila T. se había convertido -con amigas y parientes- en una de las benefactoras de las iglesias de su Masaya; como Primera Dama, no desaprovechó la oportunidad y convenció al entonces Embajador de España, Ignacio Matellanes de que le apoyara -a través de la Agencia Española de Cooperación Internacional (AECI)- para reconstruir el tempo de La Asunción.

El presidente Bolaños sabía de la importancia de mantener una relación armoniosa con la dirigencia católica encabezada por el Cardenal Miguel Obando y Bravo, Arzobispo de Managua y Presidente de la Conferencia Episcopal. Obando y Bravo había sido un factor decisivo en la lucha contra el primer gobierno de Ortega en los años 80´ y Bolaños trató de mantener una relación cordial con el arzobispo metropolitano. Una de las primeras molestias –involuntaria- que le fue causada al Cardenal Obando, nada tuvo que ver el presidente Bolaños ni su equipo de transición y ocurrió en el acto de Toma de Posesión realizado en el Estadio Nacional de Managua, en donde Obando fue ubicado en un lugar no tan destacado, lo que molestó al purpurado, lo que hizo saber en comentarios privados que llegaron al oído del nuevo presidente, que en verdad, ni cuenta se había dado del error protocolario que cometió la Cancillería de la República, encargada de la ceremonia. Bolaños se instaló en las oficinas de la Casa Presidencial y uno de sus primeros actos fue el de convocar a reuniones sectoriales al partido de oposición, FSLN y a su líder el Comandante Ortega Saavedra; a sus correligionarios del PLC; a los aliados como Camino Cristiano Nicaragüense; a los dirigentes del sector privado y por supuesto, a la Conferencia Episcopal que presidía el Cardenal Miguel Obando y Bravo. Además de Obando y Bravo, Monseñor Bosco Vivas y Robelo (Diócesis de León) y Monseñor Abelardo Mata (Estelí) habían logrado forjar una excelente relación con los laicos del gobierno saliente del Dr. Arnoldo Alemán Lacayo. Algunos de los ayudantes del Arzobispo de Managua eran incluso, directivos de instituciones descentralizadas como la Lotería Nacional y la Empresa Administradora de Aeropuertos

Internacionales, entre otras, lo que les permitía una relación privilegiada que se traducía en apoyos estatales a la misión pastoral que realizaban, así como para otras actividades personales.

COPROSA, el brazo social de la Iglesia Católica, o más bien, del Cardenal Miguel Obando y Bravo, tenía una excelente fortaleza institucional y la Dirección General de Aduanas junto a la Dirección General de Ingresos –en el gobierno del doctor Alemán Lacayo- daban un tratamiento preferencial a los que dirigían esa institución de apoyo a los necesitados que administraban algunos colaboradores del Cardenal Miguel Obando y Bravo. Una vez asumió el nuevo gobierno, las arbitrariedades y abusos que se cometían al amparo de COPROSA, fueron objeto de la firme y clara decisión del Presidente Bolaños de terminar con los actos irregulares que conllevaban el otorgar libres introducción de equipos que no eran evidentemente para el uso de la labor social de la iglesia. Yates y camionetas de lujo fueron exoneradas de impuestos al amparo de esa relación privilegiada durante la anterior administración y Enrique Bolaños había instruido que no habría privilegios, aunque llevaran sotanas. Eso se manejó en privado. Igual fue el tema de las *ayudas* extraordinarias que la Presidencia de la República y otras instituciones brindaban a algunos conocidos colaboradores eclesiásticos que se traducían en salarios, dietas y miles de galones de combustible. Eso se terminaría y le causaría a Bolaños una enorme dificultad para relacionarse con un sector de la jerarquía. En medio, Su Excelencia Reverendísima, Monseñor Jean Poul Gobel, Nuncio Apostólico de Su Santidad Juan Pablo II debía cumplir con su misión diplomática al relacionarse con las autoridades de gobierno y conjugar su labor pastoral de vínculo directo entre la Iglesia nicaragüense y la Santa Sede. Eso no era todo. Había un asunto adicional que venía colmando la paciencia del presidente Bolaños y era el uso de la frecuencia radial otorgada a la Iglesia Católica hacía algunos años, la que no utilizaba y que en cambio, utilizaban cercanos al ex presidente Alemán Lacayo.

Radio La Poderosa fue el nuevo centro de la discordia entre los liberales del PLC y su líder con el gobierno de Enrique Bolaños. Para el mes de marzo del 2002, escasamente 2 meses después que Bolaños asumiera la presidencia de la República, él era el centro de los ataques a toda hora del día y de la noche. Radio La Poderosa en la frecuencia 560, injuriaba y calumniaba al presidente Bolaños y su familia. A pesar de que Bolaños no escuchaba la radio, los infaltables *cepillos* que le rodeaban, se encargaban de contaminarlo y exagerarle los ataques que le endilgaban sus correligionarios. Bolaños decidió entonces revocar la frecuencia radial, no sin antes ofrecer al Cardenal Obando y Bravo la opción de que la Iglesia Católica utilizara la frecuencia tal como le había sido concedida por el gobierno del Doctor Arnoldo Alemán Lacayo. Esto le fue comunicado al Nuncio Apostólico Monseñor Jean Poul Gobel. Bolaños no quería que- por un abuso de un sector político que le adversaba-, se viera perjudicada la relación con la Iglesia Católica, pues sabia la importancia de la misma en un pueblo conservador Nada valió y Radio La Poderosa fue retirada bajo fundamentos jurídicos tal como la Ley de Telecomunicaciones facultaba a la Dirección de dicha institución. Asimismo y no por lo anterior, importantes transferencias monetarias que se otorgaban sin ningún sustento a los mismos sectores allegados al Cardenal Obando, fueron suspendidos. Bolaños pretendía desde los primeros meses de su gobierno cumplir con sus promesas y lo encontrado no era un buen ejemplo de ello. Eso molestó muchísimo a un par de obispos, que nunca se lo perdonaron a Bolaños. *Se juega con el santo, no con la limosna*, escuchó el presidente.

Eso no detuvo la voluntad del Presidente Bolaños de reunirse con la Conferencia Episcopal y los Obispos fueron convocados al Salón de Gabinete de Casa Presidencial donde fueron recibidos por el presidente Bolaños, el vicepresidente José Rizo, el ministro de Hacienda y Crédito Público Eduardo Montealegre Rivas y el autor, en su calidad de Secretario Privado de la Presidencia. Hubo un momento tenso, pues en determinado momento uno de los Obispos fue requerido por los policías a las entrada de Casa Presidencial y le solicitó la cédula de identidad para que pudiera ingresar, esto ocurrió con Monseñor Abelardo Mata, quien amenazó con no participar, habiéndose comunicado a quien escribe la situación, y hasta se llegó a considerar que el inconveniente causado era una torpeza de parte de quien manejaba la seguridad en casa presidencial, lo que no abonaba a la ya difícil situación en entre el Presidente Bolaños y algunos de los religiosos.

El encuentro fue cordial. Algunos obispos expresaron la preocupación de muchos de sus feligreses por resolver necesidades básicas, la falta de empleo, la carestía de la vida, la falta de medicinas y de centros de salud, la ausencia de maestros y de escuelas. Todo eso era verdad. Bolaños tenía menos de 100 días en la presidencia y fue muy franco en su respuesta a los obispos. Se podía hacer poco con los escuálidos recursos con que el país contaba. Se abordó igualmente el tema del apoyo a los colegios administrados por sacerdotes en parroquias en todo el país (subvencionados) apoyo que fue reiterado de parte del presidente Bolaños.

En las diferentes crisis de gobernabilidad que enfrentó el gobierno de Bolaños, el Cardenal Obando y Bravo era la ficha que siempre proponían Arnoldo Alemán y Daniel Ortega como mediador. Y a pesar de la animadversión de Obando y Bravo, fueron muchas las ocasiones en que se reunieron con Enrique Bolaños y Daniel Ortega para buscar frenar las constantes crisis que provocaba el mismo Ortega. Mientras la relación del presidente Bolaños con el Cardenal Obando se deterioraba, Daniel Ortega Saavedra se convertía gradual y pausadamente en un cercano al Cardenal Obando, llegando incluso a contraer matrimonio eclesiástico con su compañera Rosario Murillo Zambrana en una ceremonia íntima que celebró el mismo Cardenal Obando en el año 2005, y era también época de elecciones próximas y Ortega haría cualquier cosa por demostrar que había *cambiado*.

Al igual que Obando y Bravo, cada vez más cercano a Ortega Saavedra, también Coincidentemente, el recio presidente del Consejo Supremo Electoral, antaño aliado de Arnoldo Alemán Lacayo, transformaba su forma de pensar sobre Ortega y también se le acercaba cada vez más.

El caso de COPROSA estaba también contaminado por la concesión que en el año 2000 –en la presidencia del Dr. Arnoldo Alemán, TELCOR le otorgó la licencia de operación de la frecuencia de radio 560 AM a la Comisión de Promoción Social de la Arquidiócesis (COPOSA). La radio comenzó a operar bajo el nombre de LA PODEROSA en el año 2001, y a finales de septiembre de 2002 la Arquidiócesis de Managua decidió sustituir COPROSA con una nueva sociedad que llamó Cáritas de la Arquidiócesis de Managua, bajo la Dirección de don Felipe Mántica Abaunza. La Ley no permitía el transferir, ni heredar ni ceder las licencias de operación de frecuencias y por ello, la frecuencia 560 de la Radio La Poderosa regresó a manos del Estado. Sin embargo, a finales de octubre del año 2002, el Tribunal de Apelaciones de Managua (en donde los magistrados respondían a las orientaciones de los caudillos) decidió resolver a favor de que la Comisión de Promoción Social Arquidiocesana (Coprosa), que ni siquiera existía legalmente, y no fue afectada su propiedad sobre la frecuencia 560, hasta que la Corte Suprema de Justicia se pronunció sobre el fondo del amparo; en esa oportunidad, el entonces vocero del Partido Liberal Constitucionalista (PLC), Eliseo Núñez (h), advirtió que reiniciarían las programaciones de la emisora y retó a Telcor a *intentar cerrarla nuevamente,* lo que al final no ocurrió.

Gobierno Bolaños
¡Nueva Eral
Ministerio de Gobernación
Dpto. de Registro y Control de Asociaciones

CONSTANCIA

El Suscrito Director del Departamento de Registro y Control de Asociaciones del Ministerio de Gobernación, de la República de Nicaragua

HACE CONSTAR

Que la Entidad denominada "COMISION DE PROMOCION SOCIAL ARQUIDIOCESANA" (COPROSA), no se encuentra inscrita en el Departamento de Registro y control de Asociaciones. Por tanto, la entidad antes mencionada no goza de los Derechos que la Ley 147 "LEY GENERAL SOBRE PERSONAS JURIDICAS SIN FINES DE LUCRO" le confiere.

Dada en la ciudad de Managua, a los Doce días del mes de Agosto del año Dos Mil Dos.

Lic. Brenda Mayorga S. de Brenes
Directora
Departamento de Registro y Control de Asociaciones

111

G O B I E R N O   E C L E S I A S T I C O
ARCHIDIOCESIS DE MANAGUA

Managua, 22 de febrero de 2000

Estimado Ing. González:

Despues de saludar cordialmente, Ing. González, me permito por este modio presentar al Sr. Carlos Campos Conrado, como mi representante ante la Institución para que pueda operar la frecuencia de Radio 560 de la COMISION DE PROMOCION SOCIAL DE LA ARQUIDIOCESIS.

Le agradezco, Sr. Ministro, la atención que preste a la presente y aprovecho la oportunidad que se me presenta para externarle las muestras de mi mas alta consideración y estima.

Afectísimo en Cristo,

Miguel Card. Obando B.
+ Miguel Card. Obando Bravo
Arzobispo de Managua

Ing. Mario González
Ministro de TELCOR
Su despacho

TELCOR

CURIA ARQDESAL
MANAGUA

TELEFONO: 27601 29 - FAX: 27601   PDO 3098
MANAGUA, NICARAGUA

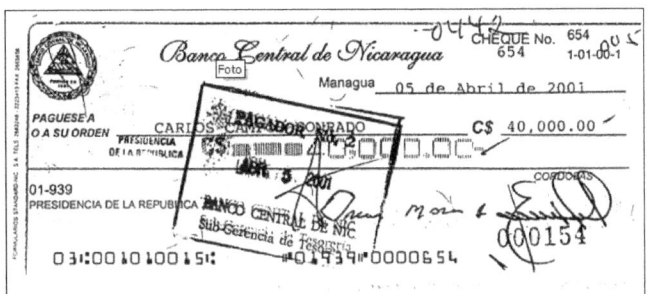

Éste es el cheque numero 654 de una de las cuentas de la Presidencia de la República en el Banco Central que no estaban reportadas en la contabilidad gubernamental. Los cheques salían a nombre de Carlos Campos Conrado y eran cambiados por trabajadores de la Presidencia, entre ellos Ronaldo Cruz y José Ángel Picado.

Paradójicamente, en el año 2009, bajo la presidencia del Comandante Daniel Ortega Saavedra, Radio La Poderosa regresó a las ondas hertzianas de nuestro país en la frecuencia 700, según anunciaron voceros del Partido Liberal Constitucionalista (PLC).

Obando y Bravo era el indiscutible líder eclesiástico del país. Su figura y su participación en los acontecimientos políticos en los últimos 30 años, lo convertían en una referencia nacional. Sus más de 35 años al frente de la principal diócesis del país y el anillo que lo identificaba como Príncipe de la Iglesia, le daban prelación sobre sus compañeros; además de su trayectoria frente al somocismo y frente al sandinismo de los años 80´s, le daban prestigio y credibilidad. Credibilidad que poco a poco se fue erosionando y mereciendo distanciamientos que no pasaron desapercibidos por quienes rigen los hilos de la Iglesia Católica. Junto a los cambios que experimentó el Cardenal Obando, las acusaciones a quienes señalaron como responsables de los abusos en COPROSA, como por arte de magia, *desaparecieron.* Todo lucía como un espejismo fabricado por los enemigos del Cardenal Obando. De Su Eminencia. Del líder de la Iglesia

113

Católica. Del Príncipe de la Iglesia. Obando y Bravo había cumplido ya 80 años, edad que -de acuerdo al Derecho Canónigo- le obligaba a poner a disposición del Obispo de Roma, su cargo. Su Santidad Juan Pablo II tenía la facultad de aceptar o no la renuncia de Obando y Bravo, quien lucía (y luce) con muy buena salud. Fuerte y claro en sus ideas, Obando y Bravo daba la impresión de tener mucho más que dar a la labor pastoral encomendada. Era además, el único Cardenal centroamericano y gozaba de reconocimiento nacional e internacional, a pesar de todo. A finales del año 2002, las intrigas y especulaciones apuntaron -malintencionadamente- al Presidente Bolaños de estar promoviendo que la Santa Sede le aceptase la renuncia al Arzobispo de Managua. Totalmente falso.

Dándose importancia, algunos funcionarios del gobierno del presidente Bolaños especularon e hicieron circular rumores de un supuesto *complot* para que Juan Pablo II aceptara la renuncia de Obando y Bravo. El Cardenal siempre creyó que fue así y muchas veces públicamente, lo dijo. Culpó indirectamente al Presidente Bolaños de ser el promotor de dicha idea. Uno de los sindicados como *instigadores* ante la cúpula vaticana, fue Leandro Marín, un ex ministro somocista de Gobernación y Educación que desde tiempos del General Anastasio Somoza García, en los años 50´s, había ocupado cargos gubernamentales en las administraciones de la dinastía y que por razones particulares, era *Consejero* del Presidente Enrique Bolaños. Marín se ufanaba de que un boletín fiel al ex presidente Arnoldo Alemán, *La Trinchera,* le endilgara la autoría del complot para que Su Santidad aceptara la renuncia del Cardenal Obando y Bravo. La vinculación del supuesto completo con Marín Abaunza era por una supuesta *amistad* con el Nuncio Apostólico en Washington, Monseñor Gabriel Montalvo. Montalvo había sido Secretario de la Nunciatura Apostólica en Nicaragua durante el gobierno de Somoza García en los años 50´s, en donde conoció a Marín. Otro supuesto amigo que mencionaba el señor Marín, era al Cardenal Pio Lacha, otro ex Secretario de la Nunciatura en Nicaragua, que había alcanzado el principado de la Iglesia Católica en Roma, pero cuya influencia se encontraba disminuida. A decir verdad, Marín *gozaba* con que lo señalaran como gestor de la remoción del Cardenal Obando, pero siempre admitía que no tenía nada que ver. Y era cierto. También mencionaban al Secretario de la Presidencia, Ernesto Leal Sánchez, por haber sido Canciller de la República en el gobierno de la Presidenta Violeta Barrios de Chamorro y porque tenía muchos contactos internacionales.

Otro de los señalados como *cómplices del complot* fue el Embajador de Nicaragua ante la Santa Sede, Armando Luna Silva. El pobre veterano diplomático, ni cuenta se daba de lo que ocurría en Managua, pero era también sospechoso de buscar la remoción de Obando y Bravo como Arzobispo. El otro acusado fue Humberto Belli Pereira. Belli Pereira había sido en su juventud, un hippie marxista, quien dio un giro radical hasta convertirse en un fiel militante del *Opus Dei* en Nicaragua y un ayudante cercano del Cardenal Obando y Bravo, razón por la que la Presidenta Violeta Barrios de Chamorro lo designó primero, vice y después ministro de Educación, y que incluso, fue confirmado por el Presidente Arnoldo Alemán en su primer año de gobierno en tan importante cartera ministerial. Belli Pereira nunca ocultó sus críticas a su antiguo amigo, el Cardenal Obando y Bravo, pero igual, siempre negó haber cabildeado en su contra en El Vaticano.

Quien escribe gozaba del cariño y amistad del Nuncio Apostólico de Su Santidad, Monseñor Jean Poul Gobel, religioso de origen francés que había servido como Secretario de la Nunciatura Apostólica en Nicaragua en los años 80´s, precisamente en la primera visita a Nicaragua de Su Santidad Juan Pablo II y esa relación fue suficiente para que, -junto al ministro de Gobernación- nos señalaran también como parte del *complot*. Todo fue por la premura con que el Arzobispo Obando y Bravo recibió la noticia oficial de la aceptación de su renuncia y la designación de Monseñor Leopoldo Brenes, Obispo de Matagalpa como nuevo Arzobispo de Managua. La noticia papal de la aceptación de la renuncia de Obando y Bravo por parte del agonizante Santo Padre, horas antes del anuncio oficial de su muerte en El Vaticano, fue motivo de muchos comentarios. Había quienes no comprendían como el Santo Padre pudiera estar en condiciones de tomar dicha decisión en su lecho de enfermo y a la vez, estuviera pensando en aceptar una renuncia que hacía 3 años se había elevado ante Su autoridad. La polémica no finalizó con el traspaso del Arzobispado de la arquidiócesis de Managua a Monseñor Leopoldo Brenes y continúo por varios meses e incluso años. Con la salida de Obando y Bravo, sus principales colaboradores también fueron *liberados de sus responsabilidades.* Había nuevo Arzobispo en el pueblo y poco a poco se sentiría una marcada diferencia entre los estilos de conducción de la grey católica.

> *El problema de nuestra época consiste en que sus hombres*
> *no quieren ser útiles, sino importantes*
> Winston Churchill

El primer *intento* de acabar con su Presidencia

De lo que a continuación narraré, poco se sabe. Fue el primer intento de acabar con la presidencia del Ingeniero Enrique Bolaños Geyer. Fue en el año 2004. Enrique Bolaños se encontraba en Libia con Kadafhy, el amigo del presidente Daniel Ortega que había ayudado económicamente al dirigente sandinista en la época de vacas flacas, fuera del gobierno en los años 90´s, tal como aceptó el dirigente nicaragüense en entrevista concedida al periodista Fabián Medina y recogida en su libro *Secretos de Confesión.*

En el año 2003, el 29 de diciembre recibí una llamada telefónica de Abdala Matoug. El mismo que había sido embajador libio al inicio de la revolución en 1979; durante el gobierno de doña Violeta, periodo en que le conocí cuando yo era funcionario del ministerio de Relaciones Exteriores. La reunión solicitada por Matoug era –como amigo- pero también como Secretario

Privado de la Presidencia y era para conversar sobre la relación entre Nicaragua y Libia.

Siempre evitando dar celos (por envidia profesional) al Jefe de la Diplomacia del presidente Bolaños, y ante la invitación del Embajador Matoug, que en ese momento fungía como Director de América Latina del ministerio de Relaciones Exteriores de Libia, pedí la autorización correspondiente al presidente Enrique Bolaños, permiso que me fue otorgado.

Nuestro encuentro se produjo en el Hotel Seminole. Hablamos de la nueva Libia y su pragmatismo diplomático, que los había llevado a replantear su estratégica relación con la Unión Europea y con los Estados Unidos. Todo era diferente en la Libia de Kadhafy, ya el líder de la revolución verde era recibido en Londres y Roma y los norteamericanos le habían perdonado su pasado terrorista.

Fue en esa reunión en donde se conversó sobre una eventual visita del presidente Bolaños a Libia. Era extraño imaginarse al presidente nicaragüense, amigo de los Estados Unidos y archienemigo de los sandinistas. Por lo que había aprendido en la cancillería, hice un informe privado –con mis recomendaciones- al presidente Bolaños sobre mi reunión con el diplomático libio. Lo más cerca que Enrique Bolaños había estado de Libia, había sido –en su calidad de vicepresidente- en Marruecos en el año 2000 cuando le acompañé en gira por Francia y España.

Quien conducía la diplomacia del presidente Bolaños, recomendó aceptar la invitación de Kadhafy y visitarle en Trípoli. La única sugerencia que personalmente realice al presidente Bolaños fue lo relativo a la deuda que nos heredó el primero gobierno del presidente Ortega y que, por los intereses y mora, ascendía a varios centenares de millones de dólares. Borrar esa deuda era importante para el resto de negociaciones que sosteníamos con los acreedores bilaterales y en el Fondo Monetario Internacional, el Banco Mundial y el resto de organismos financieros multilaterales. Era la única justificación que yo consideraba, para que el presidente visitara Trípoli.

Yo le había dicho al Embajador Matoug en mi encuentro de diciembre del 2003, que Nicaragua no estaba en capacidad de pagar la millonaria deuda. Matoug fue honesto y me dijo que su gobierno y el Coronel Kadhafy no podían *condonar* la deuda de Nicaragua, pues era el *Gran Congreso Popular* el que decidía sobre tal materia, pero lo que verdaderamente impedía el perdón de la misma era que el resto de vecinos africanos deudores (Uganda, Zaire, Somalia, Zimbawe, etc.) demandarían igual tratamiento y el gobierno libio no podía hacerlo. Se lo dije al presidente Bolaños, pero otros asesores pensaron que con solo la presencia de don Enrique, sería suficiente para que nos condonaran la deuda. Por supuesto que no fue así.

Pero lo importante es lo que sucedió durante la estancia del presidente Bolaños en Trípoli. El primer intento de terminar con su gobierno, según el asesor personal Frank Arana Icaza y contado por don Enrique. A Frank se le atribuían facultades y malicia política en un tal *Situation Room* que –verdaderamente-nunca demostró. El tal *situation room* nunca existió, y lo más próximo a ello, era una oficina donde *en tertulia* se comentaban los *cuechos* e inventos cotidianos de *La Trinchera*, dando exagerada importancia a los mismos.

Frank Arana Icaza, conservador en política, había sido empleado de la estructura formada por el gobierno norteamericano alrededor de la guerrilla antisandinista. Arana era más bulla que otra cosa. *Maloso*, le decían algunos, pero, en verdad, no era nada del otro mundo. Había sido Sub Director de Comunicación Social en el gobierno de la Presidenta Violeta de Chamorro, asesor en el gobierno del presidente Arnoldo Alemán Lacayo y fue también asesor cercano del presidente Enrique Bolaños Geyer.

El presidente Bolaños recibió una llamada *urgente* desde Managua estando en Trípoli de parte del recio Arana Icaza; Exaltado y alarmado, Arana Icaza le informó que la Contraloría

General de la Republica, controlada por incondicionales enemigos de Bolaños y amigos de Alemán y Ortega, había introducido una solicitud de destitución del cargo de Presidente de la República ante la Fiscalía General, igualmente controlada por un liberal y una sandinista y quienes, por ministerio de ley, ejercían la facultad acusatoria del Estado. Mientras Bolaños buscaba en Trípoli la condonación de la deuda que el FSLN le había *heredado* al pueblo nicaragüense, continuaban las amenazas para sacarlo de la presidencia, aunque lo peor no llegaba aún. Estas eran *escaramuzas*.

No era la primera vez que algunos *asesores* del presidente Bolaños interrumpían compromisos internacionales. Recuerdo también cuando en el año 2004, en Visita Oficial al Reino de Suecia, el presidente Bolaños suspendió la misma por una tonta recomendación de uno de sus consejeros. Eran las 2 de la mañana en una fría madrugada en Estocolmo, cuando me tocó pedir ayuda al Embajador Álvaro Montenegro Mallona para encontrar un vuelo -4 horas más tarde- hacia Managua. Regresamos el presidente Bolaños y yo en un periplo improvisado que nos llevó por Copenhague, Frankfurt, Madrid, Houston y Managua, para encontrarnos con cuentos y especulaciones de asustados y nerviosos asesores –como Mario De Franco- pero que el presidente escuchaba.

Tuvo pues que regresar rápidamente el presidente Bolaños desde Libia y 4 días después, los presidentes de Centroamérica, República Dominicana y Panamá visitaban relapanguentemente el aeropuerto Internacional dc Managua ante el llamado del Presidente Bolaños, amenazado por el dúo potente de adversarios. El pronunciamiento de los Jefes de Estado y de Gobierno del Sistema de la Integración Centroamericana (SICA) fue contundente y entre ellos se encontraba el presidente Martin Torrijos de Panamá y el presidente Leonel Hernández de República Dominicana, considerados de centro izquierda y todos se hacían presente –como muchas otras veces- apoyando al débil Enrique Bolaños que defendía la institucionalidad de su régimen. Eso fue el preludio para que la Organización de

119

Estados Americanos (OEA) se sumase al apoyo regional de respaldo al presidente nicaragüense que nuevamente era asediado, acosado y amenazado con sacarlo del poder que legítimamente había alcanzado por voluntad popular el 4 de noviembre del 2001. Don Enrique me comentó que –para en esa ocasión-, tuvo una tensa reunión con Daniel Ortega, llamándolo al orden y al respeto de la institucionalidad. Fue, me dijo el presidente, una de las más *duras y difíciles* reuniones privadas con Ortega.

Para entonces, la amenaza de destitución solicitada por la *controlada* Contraloría General de la República por los ex presidentes Alemán Lacayo y Ortega Saavedra, se daba en momentos en que uno de ellos, Alemán, se encontraba supuestamente *privado de libertad* por las acusaciones de La Guaca y el otro en plena la libertad ya haciendo planes para – otra vez- como lo había logrado en el año 2000, iniciar a negociar con el *prisionero* Alemán Lacayo, nuevamente reformar la reformada Constitución Política. El pacto necesitaba *oxigenarse* y los dos ex presidentes compartían la necesidad de profundizar el acuerdo político que beneficiaba el liderazgo y preminencia de cada uno de ellos en sus respectivos partidos. Ya no era el FSLN de los 9 comandantes, ni el PLC de los Ramiro Sacasa, Pedro J. Quintanilla y Orlando Trejos; ni siquiera el PLC de Lorenzo Guerrero, José Rizo Castellón y José Antonio Alvarado, tan como igual no era el FSLN que a muchos –como en mi adolescencia- se inspiraba del valor y entrega de Leonel Rugama, Arlen Siu y German Pomares. Era el nuevo FSLN de Daniel Ortega que había abandonado – incluso- su camaradería con Carlos Guadamuz, Dora María Téllez y Víctor Tirado López, sin olvidar a centenares de militantes sandinistas. Entonces, había que reformar la constitución y quitarle poder a Bolaños y eso hicieron al finalizar la legislatura de la Asamblea Nacional (2004) y concluyeron - para cumplir con la formalidad de la ley- en Enero del 2005. Ante la amenaza, Bolaños y su equipo avanzó en hacer ver al comandante Daniel Ortega lo ilegal de las reformas aprobadas en primera legislatura y fue entonces dicha ocasión en que se criticó el encuentro del presidente Bolaños y Daniel Ortega en la sala de prensa de la Presidencia de la República después de interminables negociaciones con el Cardenal Miguel Obando y Bravo, como *mediador*, que anunciaron -don Enrique y Daniel Ortega- después de horas de espera ante invitados expectantes para presenciar el acuerdo supuesto que horas después incumpliría Ortega al visitar en la hacienda *El Chile* para arreglarse mejor —-otra vez-con Arnoldo Alemán.

Ortega visitó la hacienda del ex presidente en compañía de René Núñez, Edwin Castro y Manuel Coronel Kauts. El ex presidente Alemán Lacayo le recibió con su esposa María Fernanda, su hija María Dolores, Wilfredo Navarro, Noel Ramírez Sánchez y René Herrera Zúñiga. La foto que registró el encuentro de los ex presidentes —sandinista y liberal- quedó como testigo de la feroz intención de ambos por terminar con lo que quedaba del gobierno de Bolaños, a pesar de la firma sin –ahora- valor alguno del Daniel Ortega que apenas horas antes y con el Cardenal Miguel Obando y Bravo como *testigo*, había acordado con el presidente Bolaños.

Bolaños no era de fiar. Alemán –su prisionero- ofrecía mayores garantías para Ortega Saavedra. La foto fue divulgada en La Trinchera, como para brincar de orgullo por la *reconciliación* de los caudillos. Nuevamente estábamos en crisis.

El asedio continuaría con los obedientes alcaldes que en comunión de ideas respondían a las *orientaciones* de Alemán Lacayo y Ortega, pidieron públicamente la renuncia del presidente Bolaños. Fueron 96 de los 152 alcaldes del país quienes habían suscrito una solicitud de destitución del presidente Bolaños. La propuesta la impulsó el -en ese entonces- incondicional alcalde de Managua y hoy despechado amigo de Ortega, Dionisio Marenco. Marenco había sido en sus primeros años de profesional ingeniero, asalariado ejecutivo del emblemático Grupo Pellas. El motivo alegado por los 96 alcaldes era la *brutalidad* con que el gobierno de Bolaños ejercía represión a los *estudiantes* que participaban en una protesta contra el aumento en los precios del transporte público. Al día siguiente, Managua, la desfigurada y desordenada capital de Nicaragua, amaneció paralizada por otra huelga del transporte público. La huelga, o más bien el *paro* de los transportistas era en *apoyo* que a los estudiantes universitarios que exigían el 6 % del presupuesto, incluyendo las donaciones y préstamos. Eran en las primeras 24 horas, 19 los heridos, mayoritariamente policías, pues las instrucciones del presidente Bolaños al Primer Comisionado Edwin Cordero, era de ofrecer cuantas veces hubiera que hacerlo, la mejilla, y evitar un muerto o un hetifo fr quienes actuaban como pandilleros.

La respuesta del Gobierno no se hizo esperar. El Secretario de Prensa de la Presidencia, Lindolfo Monjarrez, declaró, en rueda de prensa que *la solicitud de los ediles a Bolaños para que renuncie, es una trama del Frente Sandinista de Liberación Nacional.* Monjarrez insistió en que, *el presidente no va a renunciar a su cargo frente a toda esta crisis artificial creada por Daniel Ortega, que está destruyendo al país y a las instituciones, pero a pesar de ello, se llevarán a cabo todos los esfuerzos necesarios para mantener la calma en el país,* dijo el más joven de los secretarios presidenciales de Bolaños

Mientras los *universitarios* protestaban, los transportistas del servicio urbano se sumaron a los *estudiantes,* para reclamar al gobierno una *respuesta* a la situación del alza en el combustible. La jornada de reclamos culminó con cerca de una veintena de heridos y 68 personas detenidas. Durante las crisis y presiones con que tuvo que lidiar el presidente Bolaños, no se amedrentó.

A mediados del mes de junio del 2005, Enrique Bolaños ofreció adelantar las elecciones para *que fuera el pueblo el que decidiera el futuro político de Nicaragua.* La oposición liberal y sandinista, aprovechaban la oportunidad para *sugerir* que la propuesta de Bolaños, debía *discutirse* en un *diálogo nacional.* El líder de la bancada del FSLN en la Asamblea Nacional, Edwin Castro, dijo que *cualquier propuesta del Ejecutivo debía ser planteada en el marco de un diálogo nacional.* El presidente Bolaños, quien no reconocía las reformas constitucionales y se amparaba en el fallo de la Corte Centroamericana de Justicia, y no estaba de acuerdo en participar en ningún diálogo nacional, por la aprobación ilegitima de dichas reformas. Bolaños anunciaba pues, en un mensaje a la nación, que estaría dispuesto a adelantar los comicios, si dicha medida fuese *necesaria* para el país. Esto lo planteó esa posibilidad, un día después de que el Secretario General de la Organización de Estados Americanos (OEA), José Miguel Insulza, concluyera una misión de cuatro días en Managua en la cual fracasó en su intento de reactivar el diálogo entre el gobierno y la oposición libero-sandinista. Las diferencias eran tales, que en muchas ocasiones hasta el pragmático Ernesto Leal Sánchez, Secretario de la Presidencia y principal comisionado de Bolaños para solucionar la crisis, no lograba ponerse de acuerdo ni en los lugares que se proponían para efectuar las primeras reuniones de *acercamiento.*

Para el diputado del FSLN René Núñez Téllez, otro de los hombres de confianza de Daniel Ortega, la propuesta del presidente Bolaños, no podía considerarse como un planteamiento formal pues había sido divulgada mediante un mensaje a la nación, y no era —*según él-* el marco lógico era en el *diálogo nacional.*

Si Bolaños está dispuesto a eso (adelantar las elecciones) y si realmente es una propuesta, que vaya al diálogo y haga la propuesta oficialmente ahí, declaró Núñez, quien ejercía desde entonces, la presidencia de la Asamblea Legislativa como producto de las componendas entre Alemán y Ortega. Es decir, René Núñez, que en el 2014 continúa como presidente del poder legislativo, había sido electo con los votos de los liberales de Arnoldo Alemán como parte del pacto con Ortega.

Por su parte, el entonces Secretario Nacional del Partido Liberal Constitucionalista (PLC), el diputado Noel Ramírez Sánchez, reiteraba la *invitación* para que Bolaños *regresase* al diálogo y presentara dicha propuesta (adelantar las elecciones nacionales). La *comunión de ideas,* entre alemancistas y orteguistas, era idéntica. *Consideramos una propuesta oficial del señor presidente, hasta que él se reincorpore al diálogo y, en el seno del diálogo, la presente. En ese momento es que el partido se va a pronunciar*, dijo el diputado Ramírez Sánchez casi con el mismo tono de voz con que sus colegas sandinistas René Núñez y Edwin Castro, habían expresado la posición del FSLN frente a la propuesta del Bolaños.

La diputada del PLC María Dolores Alemán, hija del ex presidente Arnoldo Alemán, también opinó y dijo   que *las propuestas se hacen en el diálogo. (Daniel) Ortega ya presentó su punto de vista. No queremos estar respondiendo a través de los medios, vamos a sentarnos (al diálogo) sin condiciones para que las partes sentemos nuestra posición oficial*, aseguró la legisladora ante los medios de comunicación. Por su parte, el organismo de observación electoral, *Ética y Transparencia*, a través de su Director Ejecutivo Roberto Courtney consideraba inviable la posibilidad de adelantar los comicios, pues los preparativos requerían al menos nueve meses. Era todo un parto. *Es mejor esperar a que se concluya el actual período presidencial. Si vamos a buscar una salida de emergencia a la crisis, no queremos hacerlo mal,* dijo Courtney

Tal como Ortega en su momento, Bolaños ofreció dejar a la voluntad popular la decisión del futuro de su gobierno. Ortega arriesgó y perdió adelantando las elecciones en 1990. Bolaños lo ofreció y no le aceptaron el reto. Seguiría entonces, por 18 meses más, en el ejercicio de su presidencia hasta el 10 de enero del 2007, fecha en que presenciamos el retorno de Daniel Ortega Saavedra como presidente, esta vez por decisión minoritaria -pero legitima- de los nicaragüenses, que en un 37.9 % habían sumado más que los divididos candidatos liberales Eduardo Montealegre Rivas, que obtuvo 27 % y José Rizo Castellón con 25 %; entre ambos sumaban 52 %, más o menos el porcentaje con que Bolaños derrotó a Ortega en el 2001. A la fecha, nunca se conoció el resultado de 8 % restante del conteo de votos.

No hay secretos para el éxito. Éste se alcanza preparándose,
trabajando arduamente y aprendiendo del fracaso
Colin Powell

El Caso Powell

Este tema es uno de los más controversiales. Sandinistas, liberales e independientes recuerdan la visita a Nicaragua del General Colin Powell, ex Jefe del Estado Mayor Conjunto del Ejército de Estados Unidos en el gobierno del Presidente Bush (padre) y Secretario de Estado en el primer período del Presidente Bush hijo, como parte de un supuesto arreglo para terminar la relación del presidente Bolaños con el FSLN en la Asamblea Nacional para impulsar iniciativas de ley que beneficiaban a la población.

Hicimos un importantísimo tratado con un pueblo en total desamparo, un pueblo bajo nuestra dominación militar...Yo nunca he considerado el tratado con Nicaragua como un tratado celebrado con el pueblo nicaragüense. Nosotros hicimos un tratado con nosotros mismos. Hicimos un tratado que representaba a nosotros mismos del otro lado de la mesa de las negociaciones. Hicimos un tratado con un gobierno que era instrumento nuestro. Es una de las transacciones más indefensibles de que yo tenga conocimiento, en la vida internacional. Eso dijo el Senador estadounidense William Borah al referirse -en los años 20´s- al Tratado *Chamorro-Bryan* y sus onerosas condiciones para Nicaragua y muchas veces nuestro país ha sido cercenado en su territorio y sus posesiones por culpa de los permanentes conflictos internos. Pero aún en tiempos de paz, los políticos nicaragüenses han tenido la *mala costumbre* de seguir los *consejos* (u ordenes) de los poderosos, hasta antesde de 1979 y después de 1990, en Washington; en los 80´s, en Moscú, La Habana y en siglo XXIm hasta en Caracas según fuera el caso. Previo a la visita a Nicaragua, proveniente de Panamá, del Secretario de Estado estadounidense, General ® Colin L. Powell, medios especializados como la Revista ENVIO, publicó sendos artículos sobre la visita del jefe de la diplomacia norteamericana: *El vínculo de Colin Powell con Nicaragua no es reciente. En la década de los 80, Powell jugó un papel clave en la guerra contra la Revolución Sandinista, cuando trabajaba como adjunto y luego como Consejero de Seguridad Nacional del ex-Presidente Ronald Reagan. Su labor consistió en obtener respaldo en el Congreso para la criatura favorita de los fundamentalistas republicanos: los "paladines de la libertad", la contrarrevolución. Desde los pasillos del Pentágono y de la Casa Blanca, Powell cabildeaba ante los cada vez más reacios legisladores para conseguir año con año para sus ahijados un dinero que luego se traducía en entrenamiento, armas, municiones y asesores extraídos de las filas de los terroristas militares argentinos o de las entrañas de la misma CIA. Powell también se ocupó de "persuadir" a los militares y a los políticos de Honduras para que facilitaran condiciones para que los contras instalaran sus campamentos donde no sólo pudieran entrenarse y almacenar vituallas y armas, sino también refugiarse con toda seguridad tras cometer toda clase de atrocidades contra los campesinos nicaragüenses de la frontera norte. También hizo lo propio con los civilizados políticos costarricenses. Otro dato de su extenso currículo es la invasión a Panamá en 1989, cuando ya había logrado que su viejo amigo George Bush padre -una vez que Reagan le heredó la Presidencia- le nombrara Jefe del Estado Mayor Conjunto. De hecho, es Powell quien decide dejar de trabajar con Manuel Antonio Noriega y por lo tanto, quien prepara las condiciones y consigue autorización para enviar a los marines a expulsarlo del poder. Dicen sus colaboradores que la operación de Panamá es una de las que más le complace vanagloriarse. Nunca se ocupó de contar los miles de muertos en los escombros de la miserable barriada El Chorrillo de la capital panameña, bombardeada por sus soldados, clasificados simplemente como "daño colateral".*

La revista de análisis de la UCA, continuó relatando su historia: *A bordo del avión que lo llevó de regreso de Centroamérica a*

College Station, ciudad universitaria de Texas, Colín Powell no ocultó su satisfacción por los resultados de su periplo centroamericano (Panamá-Managua-Tegucigalpa) y sintetizó así el ambiente en el cual fue recibido: Las actitudes pro-estadounidenses son elevadas. Sin ocultar su orgullo, declaró que el surgimiento de democracias en Nicaragua y Panamá reivindicaba las políticas en Washington en los años 80: "Me gustaría ver estos números en otras partes del mundo". También expresó su emoción por escuchar el himno de Estados Unidos en Managua: Fue tocado para un estadounidense que hizo todo lo que pudo para apoyar a los contras y que ahora regresó como Secretario de Estado en su primer viaje a Nicaragua. La gente fue extremadamente amigable. Estar allí parado en formación junto al presidente Bolaños y escuchando el 'Star Spangled Banner' me retrotrajo a 1987, cuando peleaba toda la noche cada tres meses con el Congreso con el fin de asegurar el financiamiento de los contras para mantener a estos tipos con vida. Aquello fue enormemente controversial. Fue un período difícil, pero encontramos la salida y aquí estamos, catorce, quince años después, mientras los sandinistas aún son una parte significativa de la Asamblea Legislativa, en la oposición dijo Powell. El torpe recibimiento protocolario organizado por el señor Norman Caldera, ministro de Relaciones Exteriores (y que tanto placer causó a Powell) con alfombra roja, presentación de saludos militares (revista de tropas), himno estadounidense- fue descrito por *El Nuevo Diario* como un acto *de protocolo inadecuado, sólo justificado por el servilismo. Lo atendieron como si de un Presidente o de un Jefe de Gobierno se tratara.* Otro acto *tonto* fue haberlo bajado del avión que lo trajo de Panamá junto al Presidente Enrique Bolaños, otro error de Caldera y su equipo. Lo correcto era que el presidente Bolaños descendiera primero y a continuación lo hiciera Powell. El ex-vicecanciller sandinista y posterior disidente Víctor Hugo Tinoco, consideró ese comportamiento como *la expresión de un gobierno que practica la subordinación de quienes ven a Estados Unidos como amos del mundo. No es que la nación no tenga dignidad, lo que pasa es que los gobernantes de turno no la valoran, tienen la mentalidad del hacendado, que todo lo ve desde el punto de vista económico, del valor, como si el país fuese una mercancía. La humillación para el país y para su pueblo fue mucho mayor.*

A pesar de tanto servilismo orquestado por Norman Caldera, los periodistas norteamericanos que viajaban con Powell, recibieron de la Embajada de los Estados Unidos en Managua, una nota de prensa de página y media, como insumo (perfil del país) para que conocieran el estado de la opinión pública en Nicaragua. Los conceptos del escrito eran altamente ofensivos y *poco diplomáticos. Los nicaragüenses son demasiado pobres, mal alimentados y analfabetos como para preocuparse por el mundo exterior... Los nicaragüenses en general tienen poco interés en asuntos internacionales... El mundo gira en torno a Managua... Siguen los asuntos estadounidenses solamente si se relacionan directamente a Nicaragua, y no tienen virtualmente ningún interés en el Medio Oriente, China, la Unión Europea, África o en asuntos globales como el ambiente, el desarme o el terrorismo... La mayoría de los nicaragüenses está abrumada por la lucha para encontrar el próximo plato de arroz y frijoles y, por lo tanto, tiene poco tiempo para pensar sobre Estados Unidos o los asuntos mundiales en general... La contribución de efectivos militares nicaragüenses a Irak fue aprobada a regañadientes y lo que los nicaragüenses querían saber es lo que Nicaragua recibe a cambio...Un amplio segmento de nicaragüenses son hostiles a Estados Unidos.... No hay un solo aspecto en el que vean a Estados Unidos de manera favorable....* Quienes admiran a Estados Unidos tampoco eran bien tratados en el documento, pues decía: *gustan de vestirse con camisas de Ralph Lauren, conducir vehículos Ford todoterreno, mirar películas estadounidenses y cuando salen a comer alardear que van al TGI Fridays... los dirigentes ven a Estados Unidos como un vecino egoísta, alguien que vive relativamente cerca, pero que maneja un vehículo más grande, tiene una casa mejor, envía a sus hijos a mejores escuelas, y que está tan ocupado haciendo dinero, que no tiene tiempo para detenerse y hablar, y mucho menos para preocuparse por los problemas de un vecino menos afortunado... En resumen, Nicaragua avanza muy lentamente como el segundo país más pobre del continente después de*

Haití, maltrecho por tormentas naturales y artificiales, con poca esperanza de que las cosas cambien en el futuro...

Intentando evitar una crisis diplomática, el Departamento de Estado, dos días después que el documento había sido distribuido, leído y difundido por los medios nicaragüenses, se vio obligado a tratar de deslindar responsabildiad sobre el contenido. En una respuesta cantiflesca que nadie creyó, un funcionario de segunda ante una batería de periodistas nacionales dijo *Me consterna ver algo así escrito, y mucho más que haya sido divulgado, es una vergüenza...* Cuando ya Powell había partido, la noche del 5 de noviembre, dos notas de prensa llegaron casi simultáneamente y con carácter de *urgencia* a los medios de comunicación de Nicaragua. En la primera, el gobierno del presidente Bolaños expresaba *un rechazo total del documento distribuido a los periodistas norteamericanos, por contener opiniones inaceptables para la dignidad de nuestro país, porque tergiversa completamente la realidad nicaragüense y emplea un lenguaje totalmente inapropiado.* La segunda nota de prensa estaba firmada por la entonces embajadora de Estados Unidos en Nicaragua, Bárbara Moore (q.e.p.d.) y decía: *En nombre mío, el de la Embajada y el del gobierno de los Estados Unidos, quiero extender mis disculpas al pueblo y al gobierno de Nicaragua por la manera insultante en que fueron descritos por un miembro de esta Embajada en un documento no autorizado, sin bases y lleno de errores, distribuido entre los representantes de medios de los Estados Unidos que acompañaban al Secretario de Estado, Colín Powell. Ese documento no reflejaba nuestra imagen de Nicaragua ni de su gente. Tenemos un tremendo respeto y admiración por los nicaragüenses y por los esfuerzos que dedican a lograr una democracia vital y una economía fuerte para el beneficio de toda su sociedad.* Esa fue la respuesta de la embajada norteamericana a la publicación insultante que emitieran desde su misma sede diplomática. *El que se excusa, se acusa,* decía alguien privadamente en las reuniones de gobierno del presidente Bolaños. En esta ocasión, era cierto. Al día siguiente se conoció que la redactora del escrito fue Jean Hartman, encargada de asuntos públicos de la embajada estaounidense. Pese a la vehemencia con la cual se disculpó la embajadora Moore, era difícil creer que ella no estuviera enterada del contenido del documento. Y en cuanto al *reclamo* de la cancillería nicaragüense, no parecía sincero, entre otras cosas, porque este escrito se conoció desde el primer día de la visita de Powell y el canciller Norman Caldera ya lo había leído. No pareció importarle mucho, porque al día siguiente esperó casi una hora, sentado en una incómoda silla propia para los escoltas, a que terminara la reunión de Powell con el Jefe del Ejército y el ministro de Defensa de Nicaragua, para despedir personal y oficialmente a Powell con un efusivo abrazo y un bien practicado y pronunciado *"thank you very much"* por el honor de haberlo tenido en Nicaragua.

La razón principal de la visita de Powell no era sugerir, recomendar u ordenar al gobierno del presidente Bolaños que finalizara su relación con el FSLN y Daniel Ortega y regresara arrepentido al redil del PLC y Arnoldo Alemán, como aseguraron (y todavía lo creen), algunos dirigentes sandinistas. El tema era la insistencia gringa en que el Ejército de Nicaragua destruyera los misiles tierra-aire. Enrique Bolaños Geyer, ya como expresidente, me aseguró que en el vuelo de Panamá a Managua con Collin Powell no se habló una sola palabra de la relación gobierno-FSLN.

Fueron las negociaciones de *fin de año* (para aprobar el Presupuesto General de la República y la elección de la Junta Directiva de la Asamblea Nacional) las que dieron pie a las especulaciones que rodearon la visita del alto funcionario estadounidense a Nicaragua. En enero del 2004, en la búsqueda de un acercamiento con los liberales del PLC, Enrique Bolaños negoció, junto a los diputados de la Bancada *Azul y Blanco* los cargos directivos en el parlamento, habiendo el FSLN preferido quedar fuera de la Junta Directiva.

La diferencia entre la palabra adecuada y la casi correcta es la misma que entre el rayo y la luciérnaga
Mark Twain

El *pacto* de Bolaños con Daniel Ortega

Al presidente Enrique Bolaños se le quiso acusar de *pactar* con el Comandante Daniel Ortega, aquí el documento firmado por ambos y los acuerdos alcanzados. Nada que ver con prbendas, repartideras de cargos y beneficios personales, como los pactos de Alemán y Ortega.

Acuerdo por el Diálogo Nacional

Reunidos en la Presidencia de la República, el día 12 de enero de 2005, el Presidente de la República don Enrique Bolaños, el ex Presidente de la República y Secretario General del Frente Sandinista de Liberación Nacional, don Daniel Ortega, en presencia de Su Eminencia el Cardenal Miguel Obando y Bravo como testigo y garante y en presencia del Coordinador Residente de Naciones Unidas, don Jorge Chediek, se ha llegado a la fórmula que da paso al Diálogo Nacional.

Para dar paso al Diálogo Nacional aquí propuesto —tomando en cuenta la voluntad ya expresada por el Partido Liberal Constitucionalista a favor del diálogo y de la búsqueda de consenso a favor de la gobernabilidad y estabilidad del país— se le presentará al Partido Liberal Constitucionalista la siguiente propuesta de agenda base para que las dos fuerzas políticas mayoritarias se incorporen activamente a este proceso de Diálogo Nacional.

1.- Los partidos mayoritarios dejarán claramente expresada la voluntad política de respaldar que el Presidente Bolaños cumpla su período presidencial de forma plena.

2.- Las reformas constitucionales en trámite parlamentario incluirán en su aprobación una disposición transitoria de rango constitucional que determine que la implementación de dichas reformas será fruto de una decisión consensuada entre el Poder Ejecutivo y la Asamblea Nacional, disposición transitoria que determinará que la implementación y vigencia de dichas reformas constitucionales será posterior al consenso de ambos poderes públicos. Los delegados de la Asamblea Nacional y del Poder Ejecutivo se reunirán en el seno del Diálogo Nacional para la implementación de las reformas constitucionales.

3.- El Diálogo Nacional incluirá la consideración de las reformas constitucionales necesarias para la determinación y perfeccionamiento de un sistema de gobierno que equilibre el peso de los poderes Ejecutivo y Legislativo, incluyendo la posibilidad de instaurar sistemas semiparlamentarios o semipresidenciales.

4.- El Diálogo Nacional incluirá, como puntos de agenda, efectiva generación de empleo, seguridad alimentaria, medicamentos a hospitales y centros de salud, garantías respecto de que la educación y salud sean gratuitas, garantías para los derechos laborales de trabajadores y profesionales ante los TLC, creación de un fondo estatal para promover la producción nacional, un banco de fomento que garantice préstamos con bajos intereses y elaboración de un programa que aplique los recursos HIPC de forma total a combatir la pobreza.

5.- El Diálogo Nacional incluirá el Presupuesto Nacional en el marco de la estabilidad macroeconómica.

6.- El Diálogo Nacional incluirá también temas institucionales como:

a) la profesionalización de la Corte Suprema de Justicia, del Consejo Supremo Electoral y de la Contraloría General de la República vía sistema de incompatibilidades de sus miembros, así como la profesionalización de esos poderes vía selección del personal que los integrará.

b) Reforma electoral para acercar el elector al elegido.

c) Institucionalización de la democracia interna de los partidos.

d) Legislación sobre el financiamiento de los partidos políticos y la disposición de espacios gratuitos en los medios.

e) tratamiento impositivo de los medios de comunicación.

Haced el bien a cuantos más podáis, y os sucederá frecuentemente hallaros con caras que os infundan alegría
Alessandro Manzoni

Nicaragua en Irak.

La situación geopolítica se complicó, tras la decisión unilateral de los Estados Unidos de invadir Irak y derrocar a Saddam Hussein, ante la *amenaza* de posesión de armas químicas y eso fue suficiente pretexto, para que el presidente George W. Bush decidiera iniciar la operación militar que contó con el respaldo de los aliados más fieles de Estados Unidos, como el Reino Unido, España, Japón, entre otros. Los estadounidenses buscaron también en países pequeños como Nicaragua, el *respaldo moral* a su cruzada por eliminar la amenaza *-que según ellos-* representaba el régimen de Hussein para la humanidad. El ex canciller Emilio Álvarez Montalván, en declaraciones al Semanario CONFIDENCIAL declaró que el respaldo del presidente Bolaños, como Jefe de Estado y de Gobierno a la decisión del presidente Bush, se inscribía dentro del pragmatismo y la realpolitik, *no tenía otra alternativa más que dar su apoyo moral a la acción militar en Irak, dado el grado de dependencia económica de Nicaragua en la ayuda externa y de Estados Unidos*, dijo el veterano político conservador. Por su parte, otro ex ministro de Relaciones Exteriores, Francisco Aguirre Sacasa, y ex Embajador en Washington de Arnoldo Alemán Lacayo, consideró que el respaldo al presidente Bush fue *demasiado tímido*. Y dijo: *yo hubiera querido francamente una posición más explícita del gobierno de Nicaragua pro los Estados Unidos. Esta gente (el gobierno Bolaños) pretenden ir a Estados Unidos ahora en abril a buscar una reunión con el Presidente Bush a tratar de negociar un Tratado de Libre Comercio con los Estados Unidos que podría hacer la diferencia entre el éxito y el desarrollo económico de Nicaragua y su estancamiento. Cuando hay ese tipo de intereses en juego yo creo que uno se tiene que definir, y no con ese tipo de formulación diplomática que no tiene en este momento cabida.*

O estás con los Estados Unidos o estás con Saddam, explicó el entonces Secretario de Relaciones Internacionales del PLC. *Creo que nosotros tenemos una comunidad de intereses para con los Estados Unidos, que hace necesario que Nicaragua se pronuncie de alguna manera más explícita, más definitiva y menos gallo-gallina,* agregó el ex Canciller Aguirre Sacasa.

El ex precandidato presidencial (todavía en esos tiempos en el FSLN) y ex vice canciller del primer gobierno de Daniel Ortega, Víctor Hugo Tinoco, dijo que la posición de Bolaños era *vergonzosa para Nicaragua, porque son muy pocos los países latinoamericanos que están haciendo eso, inclusive hay alguno países centroamericano que no tomaron esa actitud. Eso es además a cambio de nada porque estoy seguro que no le están dando ni cinco centavo la presidente Bolaños, simplemente los Estados Unidos como tuvieron el fracaso diplomático en la ONU, estaban un poco huérfanos de respaldo internacional entonces empezaron a buscar a los países más débiles que le den favores o a los que le ayudan económicamente,* comentó.

En la academia, el semamario CONFIDENCIAL recogió la opinión del historiador y catedrático de INCAE, Doctor Arturo Cruz Sequeira, quien inscribió la decisión adopata por el presidente Enrique Bolaños en el contexto de las relaciones económicas con Estados Unidos y las negociaciones del Tratado de Libre Comercio. *En este momento se está negociando un TLC como parte del arreglo centroamericano con Estados Unidos. En ocasiones tenemos más dificultades con los centroamericanos que con los norteamericanos, por ejemplo el tema con los aranceles agrícolas. Lo que yo entiendo es que los Estados Unidos han tomado una posición a favor de Nicaragua en este tema tan sensible para nosotros,* valoró Cruz, justificando la decisión del gobierno de Nicaragua.

Según el analista, Estados Unidos tenía un rol muy importante en temas económicos del país, como el déficit fiscal, la deuda interna, la dependencia de recursos externos, los organismos financieros internacionales entre otros. *Estados Unidos va a jugar un papel importante, y yo como país que en estos momento por razones muy especiales, tengo ciertos capital político que ofrecer y mi socio me solicita que ese capital político de alguna manera, se lo endose en un momento de gran dificultad para ellos, y me lo piden de manera explícita, yo me vería en una situación muy difícil de decirle que no,* señaló Cruz Sequeira, quien en a partir de marzo del año 2007 representó al gobierno de Daniel Ortega en Washington como embajador.

El presidente Bolaños Geyer ofreció ayuda humanitaria para el proceso de reconstrucción de Irak, lo que también fue criticado por algunos sectores, lo que al final fue concretado cumpliendo con la formalidad constitucional, como fue la aprobación -por parte de la Asamblea Nacional- de la salida de tropas del Ejército de Nicaragua en labores humanitarias.

Posteriormente, el presidente Enrique Bolaños Geyer y los entonces presidentes de Honduras (Ricardo Maduro Joest), y El Salvador (Francisco Flores), remitieron a sus respectivas Asambleas Legislativas sendas iniciativas para autorizar el envío de tropas de sus países a Irak, siguiendo la acción de Nicaragua. La propuesta del presidente hondureño fue la primera en ser aprobada por el Congreso Nacional en dicho país; y le siguió El Salvador. Una de las críticas que se le hizo al Presidente Bolaños por la decisión de apoyar humanitariamente la reconstrucción de Irak, era la falta de presupuesto para llevar a soldados y oficiales nicaragüenses en una operación al otro lado del mundo. Bolaños obtuvo el respaldo económico de un país amigo, la República de China (Taiwán) que sufragó los gastos en que se incurrió para llevar asistencia humanitaria a Irak. Los gobiernos de los presidentes Bolaños, Maduro, y Flores, defendieron la decisión de enviar ayuda militar (en el caso de Nicaragua se limitaba a ayuda humanitaria, principalmente médicos y especialistas en desminado) como un gesto de respaldo y en gratitud al apoyo estadounidense a sus países. En abril de 2003, 4 presidentes centroamericanos sostuvieron una reunión en Washington con el mandatario estadounidense George W. Bush. En el encuentro, al que asistieron .además del presidente Enrique Bolaños- los presidentes Ricardo Maduro de Honduras, Francisco Flores, de El Salvador y Alfonso Portillo, de Guatemala, los presidentes de la región felicitaron a Bush por su triunfo en la invasión a Irak y oficializaron su ofrecimiento de apoyo militar en las tareas de reconstrucción, con excepción de Nicaragua que ofreció –como se señala anteriormente- únicamente apoyo humanitario. En el mes de junio del 2004, el entonces Subsecretario de Defensa de Estados Unidos, Dov Salomon y el ministro de Defensa de España, Fernando Diez Moreno, viajaron a Centroamérica para sostener encuentros con los mandatarios y ministros de Defensa de Nicaragua, Honduras y El Salvador para definir detalles del traslado de las tropas de estos países, a Irak y el primero de julio, el presidente Enrique Bolaños Geyer presentó ante la Asamblea Nacional una solicitud para aprobar el envío de 115 miembros del Ejército de Nicaragua a Irak en tareas de desminado durante 6 meses, contingente militar que sería renovado por otro igual, al concluir la primera fase. El presidente Bolaños justificó su decisión recordando la cooperación que muchos países habían brindado a Nicaragua en los momentos difíciles del pasado, tanto en desastres naturales como en la guerra. *Es una forma de retribuir un poco algo a la Comunidad Internacional que ha sido tan generosa con nosotros. Estamos ayudando a construir la paz en un país que necesita del respaldo de todos los países que puedan contribuir y nosotros estamos aportando nuestro grano de arena* dijo el presidente nicaragüense. Los diputados sandinistas exteriorizaron su rechazo a la propuesta del presidente Bolaños y criticaron a los Estados Unidos y sus aliados por la invasión a Irák. El entonces diputado del FSLN, Nelson Artola, quien era presidente de la Comisión de Derechos Humanos de la Asamblea Nacional, dijo *en el fondo, como aliado de Estados Unidos, lo que pretende Bolaños es legitimar la invasión.*

El mismo Secretario General del FSLN, Daniel Ortega Saavedra expresó su rechazo a la propuesta del presidente Bolaños cuando dijo, a finales de junio del 2004 en una celebración partidaria (El Repliegue) *También está el tema de las tropas del Ejército de Nicaragua hacia Irak, y ahí sentamos nuestra posición. No estamos de acuerdo con que nuestro Ejército sirva de instrumento de política intervencionista contra pueblos hermanos. No se debe olvidar que el Ejército está para defender la soberanía del país y para trabajar en Nicaragua, no para ir a otros países. Y ya que se habla de pacto, se ve que hay un pacto entre el señor que se encuentra detenido en El Chile (Arnoldo Alemán) y el presidente (Enrique Bolaños) porque están hablando los de la bancada del PLC y la Azul y Blanco, para votar a favor de esas demandas del gobierno estadounidense*, dijo un Ortega ante unos cuantos centenares de seguidores en el parqueo de un mercado capitalino llamado *Roberto Huembés*. Esta vez, la iniciativa del presidente Bolaños tuvo el respaldo de los diputados del Partido Liberal Constitucionalista (PLC) y de los diputados afines al gobierno, aglutinados en la Bancada *Azul y Blanco*, quienes aprobaron el el decreto presidencial que fuera enviado con carácter de urgencia, autorizando la salida de tropas del Ejército de Nicaragua hacia Irak. En Honduras, el Congreso Nacional autorizó el envío de 370 militares en un contingente que se anunció estaría bajo las órdenes de oficiales españoles. El hecho fue calificado por el presidente Ricardo Maduro, como *una acción de amistad y solidaridad con EEUU*. La iniciativa fue respaldada por 66 diputados contra la oposición de 62 legisladores. En El Salvador el *Frente Farabundo Martí para la Liberación Nacional* (FMLN), que contaba con 31 de los 84 escaños, rechazó la iniciativa y sostuvo *que el Ejército salvadoreño debería concentrarse en tareas de defensa de la soberanía nacional*, mientras el gobierno guatemalteco, al final no envió tropas al país asiático aunque el presidente Alfonso Portillo manifestó en una carta su apoyo al Presidente Bush y la Costa Rica del entonces presidente Abel Pacheco de la Espriella, ofreció su *apoyo diplomático*, sumándose al grupo de naciones que respaldaron la guerra contra Irak, lo que le valió fuertes críticas en su país. El Decreto Presidencial que firmó Enrique Bolaños y que ratificó la Asamblea Nacional se inspiraba en la resolución 1483 aprobada por el Consejo de Seguridad de las Naciones Unidas en su sesión 4761ª sesión celebrada el 22 de Mayo de 2003, en el que *se instaba y alentaba a los estados miembros a ayudar a reconstruir Irak, y a contribuir a establecer condiciones de seguridad y estabilidad así como a satisfacer necesidades humanitarias y la rehabilitación de la infraestructura económica de dicho país.* Igualmente se destacaba que Nicaragua había realizado importantes avances en el desminado humanitario y la destrucción de minas almacenadas e instaladas, trabajo en el cual los zapadores del Ejército de Nicaragua habían adquirido evidentes experiencias, lo que había sido reconocido por la comunidad internacional, que a su vez había brindado una eficaz cooperación técnica y financiera que ahora Nicaragua, ponía a disposición del pueblo iraquí. Asimismo, la exposición de motivos del gobierno del presidente Bolaños refería que la autoridad constituida por las potencias ocupantes que administraban provisionalmente la República de Irak, en virtud del mandato contenido en la resolución del Consejo de Seguridad de la ONU, habían hecho el pedimento de participar de un contingente militar multinacional de ayuda humanitaria a Irak, destacando que el aporte de Nicaragua al esfuerzo internacional humanitario consistiría en poner fin al sufrimiento y muerte de civiles iraquíes. Como dato curioso, el Ejército de Nicaragua era el único de todos los países que participaron en las tareas de ayuda a la reconstrucción de Irak que poseía en sus equipos militares el fusil AK-47 como parte de su armamento regular. El referido contingente se *denominó Fuerza de Tarea de Ayuda Humanitaria Nicaragua.* En el mismo decreto presidencial, se excluía la participación del Ejército de Nicaragua en misiones de mantenimiento del orden público; quedando claro sí, de que en caso de agresión, las tropas del Ejército de Nicaragua tenían el derecho a la autodefensa reconocido por el Derecho Internacional Humanitario. Asimismo, se aprobó que en el caso de la situación que se vivía en el medio oriente y en particular en Irak y sus países vecinos, se produjeren situaciones de guerra, las tropas del Ejército de Nicaragua deberían replegarse, no participar y retirarse de territorio iraquí en procura del retorno inmediato a nuestro suelo patrio.

En el mismo acuerdo presidencial se instruía al ministerio de Relaciones Exteriores a gestionar el financiamiento ante la cooperación internacional para asegurar el exitoso cumplimiento de la misión humanitaria. Cumplidos los requisitos de ley y en obediencia al Jefe Supremo de las Fuerzas Armadas de Nicaragua, el 12 de agosto del 2003 salió de Nicaragua con destino a Irak, la Fuerza de Tarea de Ayuda Humanitaria compuesta por 115 soldados nicaragüenses (zapadores, médicos y seguridad). En el acto de abanderamiento de las tropas, el presidente Bolaños dijo *Quiero aprovechar esta oportunidad para reconocer y congratular a este Ejército de la Nicaragua de hoy, que con profesionalismo es ahora una institución al servicio de la patria y goza de un prestigio muy bien merecido. En la nueva era que construimos entre todos, con entrega y fe en el futuro de nuestros hijos y de los hijos de nuestros hijos, confieso que estoy orgulloso de ser el Jefe Supremo del Ejército de Nicaragua. Nuestros soldados, además de cumplir con el mandato de la Constitución Política y de las leyes que norman su actuación, cumplen ahora con funciones de defensa civil, de tareas de salvamento y ayuda humanitaria; combaten al narcotráfico, al crimen organizado y la piratería. La voluntad de servicio de ustedes -refiriéndose a los miembros de la Fuerza de Tarea que partían a Irak- no tiene precio, ya que se han ofrecido voluntariamente para ir a Irak en labores humanitarias. Los nicaragüenses estamos orgullosos de ustedes y de todos los soldados de nuestro Ejército. Encarnan con su voluntad la vocación de solidaridad y agradecimiento de nuestro pueblo.*

Desde el 26 de agosto comenzaron a operar en Diwaniya, junto a 360 soldados hondureños, 360 salvadoreños y otra cantidad de dominicanos, al mando de oficiales del ejército español. Todos formaban parte de la Brigada *Plus Ultra*. El atentado contra la sede de la ONU en Bagdad y unos días después, contra la mezquita de Nayaf -situada en la zona donde actuaba la brigada de militares nicaragüenses aumentaron los temores sobre el alto riesgo que corrían nuestros soldados. La opinión pública demandó al presidente Bolaños se informara el origen de los recursos económicos para sufragar los gastos de los militares nicaragüenses en Irak. El Presidente Bolaños dijo que *un país que pidió confidencialidad*, había entregado al gobierno

700 mil dólares para los gastos operativos. El entonces Comandante en Jefe del Ejército de Nicaragua, General Javier Carrión, reveló que *a cambio del envío de tropas nicaragüenses a Irak, Estados Unidos daría unos 2 millones de dólares en equipo al Ejército de Nicaragua, una ayuda mayor a la que hemos tenido hasta ahora.* Mientras tanto en la Asamblea Nacional, diputados del FSLN promovieron con los diputados del PLC para aprobar juntos un decreto de repatriación de las tropas nicas con el fin de dar otro golpe político al presidente Bolaños. El Movimiento de Renovación Sandinista (MRS), introdujo un recurso de inconstitucionalidad contra el decreto presidencial que ordenó el envío de tropas, y se lanzó a recoger 5 mil firmas para introducir una iniciativa ciudadana que revocara el decreto presidencial. *El mandato constitucional del Ejército de Nicaragua es defender la soberanía nacional y la integridad territorial de Nicaragua, y esto no le autoriza a hacerse presente en Irak para ninguna otra tarea. Si el gobierno quiere realizar tareas humanitarias en Irak, debe mandar a civiles*, dijo en ese entonces la ex comandante guerrillera y ex ministra de Salud el primer gobierno de Daniel Ortega, Dora María Téllez, entonces presidenta del MRS, al anunciar la posición de su partido. Más por las dificultades que encontró el gobierno del presidente Bolaños para obtener fondos adicionales, que por las presiones mediáticas, fue que Nicaragua se vio imposibilitada de enviar un segundo contingente. La presencia del Ejército de Nicaragua fue entonces de 6 meses en Irak. Gracias a Dios, como dijo el Presidente Bolaños en la ceremonia de recibimiento de las tropas comandadas por el entonces Teniente Coronel Pavel Corea, no hubo una sola fatalidad que lamentar y el pueblo nicaragüense pudo así agradecer y retribuir de alguna forma a la comunidad internacional el respaldo que como país, habíamos recibido a lo largo de muchos años y lo habíamos hecho bien.

Los militares nicaragüenses habían brindado asistencia médica a más de 10 mil ciudadanos iraquíes y destruidos centenares de artefactos explosivos durante su labor humanitaria. Las tropas fueron recibidas con todos los honores por el presidente Enrique Bolaños y el jefe del Ejército, Javier Carrión McDonough. De esa forma, el Ejército de Nicaragua mostraba una vez más su obediencia al Poder Civil ejercido a través de la autoridad legítimamente electa en la figura del presidente de la República.

Lo que nos debe interesar es tener un Ejército bueno, no uno grande
George Washington

SAM -7

EL tema de los cohetes defensivos *tierra-aire* en resguardo del Ejército de Nicaragua, no dejó de ser noticia durante los primeros años del gobierno del presidente Enrique Bolaños. Incluso, el Jefe del Estado Mayor Conjunto del Ejército de los de Estados Unidos, el general Richard Myers vino a Nicaragua y abordó el tema con las autoridades nicaragüenses y, además de agradecer la participación del Ejército de Nicaragua en Irak y en referencia a los cohetes, dijo *los misiles están a buen resguardo en una instalación que nosotros hemos ayudado a proteger en términos de los medios técnicos de seguridad, para garantizar que no caigan en malas manos.* También dijo que Nicaragua poseía varias versiones de este armamento, e incluso posteriores presentaciones de los cohetes, perfeccionadas después de los años 80. Según datos del Pentágono recogidos por especialistas en diversas entrevistas de prensa, Nicaragua tenía en su inventario militar más de dos mil misiles *tierra-aire,* los cuales podían ser disparados *desde el hombro* de una persona con un aparato en forma de bazuca. El proyectil persiguía su objetivo guiándose por la estela de calor que deja el blanco que se pretendía Impactar. Los C2M y los C3M, fueron entregados a Nicaragua por la desaparecida Unión Soviética a mediados de la década de los 80 y aunque los voceros del Ejército aseguraban que habían hecho todos los esfuerzos necesarios para que continuaran en buenas condiciones, el General ® Joaquín Cuadra Lacayo, antecesor del General Carrión en la jefatura del Ejército, sospechaba que ya no eran tan efectivos. Los describió así *el misil tiene una vida limitada y debe tener unas condiciones de almacenamiento, que si no se cumplen se deteriora y unos instrumentos que tenés que estar cada cierto tiempo calibrándolos. Lo peligroso que tiene es lo portátil, que lo podés esconder y llevar a cualquier lado. Un analfabeto lo puede manejar. No necesitás un curso largo para operar un cohete de ésos y en las circunstancias de hoy, con ese mercado y esa demanda que hay para este tipo de medios para la lucha terrorista, para la lucha irregular, ése es el valor y el riesgo que tienen.* Esa era precisamente, la preocupación de los Estados Unidos, especialmente después de los actos terroristas del 11 de septiembre del 2001.

La Universidad de Defensa Nacional de Estados Unidos aseguraba que Nicaragua tenía 394 misiles antiaéreos a finales de 1998, de los cuales casi 100 ya no eran funcionales, mientras tanto el Departamento de Estado había dicho que eran dos mil. *Tenemos nuestro inventario, no podemos decirlo por clasificación militar*, afirmaba el ese entonces Jefe del Ejército de Nicaragua, General Javier Carrión, quien a la vez recordaba que era una *especulación* decir que los cohetes tierra-aire SAM-7 estaban fuera de la institución militar. Desde mucho antes de los atentados terroristas del 11 de septiembre de 2001, las Fuerzas Armadas de Estados Unidos tenían conocimiento del inventario de los SAM-7 que poseía nuestro Ejército. Nuestros SAM-7 estaban y están en la actualidad, sumamente revisados, custodiados y a buen resguardo. Está más que claro que a lo largo de todos estos años, los norteamericanos nunca sintieron aprehensión porque los nicaragüenses tuviéramos esos misiles en manos del Ejército. El propio Secretario de Estado, General ® Colín Powell, durante su visita a Nicaragua dijo que *los tenía* (el ejército nica) *bajo candado.*

Posteriormente, en ocasión de la VII Conferencia de Ministros de Defensa del hemisferio occidental en la que participaron 33 países de América, el entonces Secretario de Defensa de los Estados Unidos, Donald Rumsfeld visitó Nicaragua (1 al 3 de octubre del 2006) y dijo *a nosotros nos ha complacido mucho el trabajo que* –en ese sentido, los misiles- *ha hecho el presidente Enrique Bolaños y el ministro de Defensa Avil Ramírez*, al destacar los esfuerzos hechos por el gobierno nicaragüense para destruir la mitad los 2.000 misiles rusos SAM-7 que poseía el Ejército de Nicaragua. Los Estados Unidos siempre respetaron la posición oficial del Gobierno de la República de mantener en reserva una importante cantidad de misiles tierra-aire como pare de la política de defensa y seguridad esbozada y recomendada por el Ejército de Nicaragua.

La policía a veces inventa más, de lo que descubre
Napoleón

La Policía Nacional

En la relación del presidente Enrique Bolaños Geyer con la Policía Nacional, se destacan 3 elementos principales: el retiro del Comisionado General Francisco Bautista Lara; los momentos de *obediencia* demandados por el presidente a la Jefatura y la designación de la Primer Comisionada y Directora Nacional de la Policía Nacional, Aminta Elena Granera Sacasa.

La obediencia simula subordinación,
lo mismo que el miedo a la policía simula honradez
Pancho Villa

Bautista Lara

Fundador de la Policía Nacional y con 26 años en la institución, el Comisionado General Francisco Bautista Lara, fue separado de sus funciones y enviado a retiro el 14 de abril del año 2005 por órdenes expresas del presidente Enrique Bolaños Geyer. Me tocó a mí, en ese entonces viceministro de Gobernación acompañar al ministro Julio Vega Pasquier, que comunicó la decisión al Comisionado General Bautista Lara, en presencia del Primer Comisionado y Director Nacional de la Policía Nacional, Edwin Cordero Ardila. Todo se hizo conforme la ley. El presidente tenía las facultades para hacerlo. Todo inició en el mes de abril del año 2005, en dónde la tensa situación y las amenazas del FSLN y el PLC, queriendo implementar las ilegales reformas constitucionales aprobadas violando los procedimientos con la intención de restar facultades al presidente Enrique Bolaños y repartirse entre ellos (FSLN y PLC) varias instituciones estatales, contribuyeron a la decisión que tomó el presidente Bolaños sobre Bautista Lara. La razón: la pérdida de la confianza en uno de los más preparados y calificados cuadros de la Jefatura de la Policía Nacional. La coincidencia de mucha información que contrastaba con la línea de comunicación vertical y oficial de la Policía Nacional con la presidencia de la República a través del ministro de Gobernación, hacía presumir que -en algunas ocasiones- se alteraba información, lo que obviamente no contribuía a generar la confianza que se requería a lo interno del gobierno para enfrentar las amenazas diarias y constantes de los adversarios de Bolaños en todos los campos, Poder Judicial, Poder Electoral, Asamblea Nacional, Contraloría General de la República, Fiscalía General, en fin de todos los sectores del Estado.Todos estaban contra del presidente Bolaños; aún la jerarquía de la Iglesia Católica que lideraba el entonces Arzobispo de Managua, Cardenal Miguel Obando y Bravo se oponía abiertamente al mandatario. Bolaños contaba apenas con 8 diputados más o menos leales, más el total respaldo de la Comunidad Internacional, especialmente de sus colegas centroamericanos, así como de la sociedad civil y algunos junto medios de comunicación. En esas circunstancias se le hizo saber al Comisionado Bautista Lara la decisión presidencial, quien reaccionó sorprendido. La decisión era irreversible. El Comisionado Bautista Lara recurrió de amparo en el sistema judicial que se oponía a Bolaños y éste –para variar- falló a favor del removido jefe policial, a quien –al final- se ubicó en las estructuras académicas de la Policía Nacional sin mayor incidencia en los mandos policiales.

En esos días se rumoró que la decisión del presidente Bolaños era por la relación familiar con el entonces alcalde de Managua, Dionisio Marenco, quien también era uno de los principales y más cercano colaborador Daniel Ortega Saavedra. Lo que ocurría era que en las calles de Managua, los buses de transporte colectivo y los vehículos del estado, eran los principales trofeos que se disputaban las turbas frentistas organizadas para crear el caos y el desorden en la capital nicaragüense. Se necesitaba la cohesión de los mandos policiales para mantener el orden y garantizar la seguridad pública, así como los bienes y de la ciudadanía. Al presidente Bolaños no le tembló el pulso a la hora de tomar la decisión de enviar a retiro a Bautista Lara, habiendose reservado la decisión que involucraba a otro jefe polcial de quien también se tenía información de su falta de lealtad institucional para con el presidente y que posteriormente fuera designada en un alto cargo en una institución del Estado en representación del FSLN.

Bautista Lara, al momento de su separación del cuerpo policial, era Subdirector General de la Policía y se perfilaba como uno de los más fuertes candidatos para Director General en sustitución del Primer Comisionado Edwin Cordero. En entrevista que brindara Bautista Lara al Semanario 7 *Días* sobre la separación de su cargo dijo *ocurrió a causa de una arbitraria, ilegal, e irresponsable decisión del ex presidente Bolaños, debido a que soy cuñado de Dionisio Marenco. Había contradicciones con el Frente Sandinista y Nicho era una figura pública. Entonces, él hizo unas críticas duras a Bolaños, este se obsesionó y decidió sacarme. El contexto político era bien complejo, se hablaba incluso de destituir al presidente, había un ambiente tenso. Entonces, ante esa fragilidad institucional, don Enrique se obsesionó y pensó que yo me confabulaba con el Frente Sandinista de Liberación Nacional y con el Alcalde de Managua para conspirar contra el presidente. Entonces, dijo que me tenía que ir para mi casa por falta de confianza, porque soy cuñado de Nicho. Nunca lo expresó públicamente, pero Julio Vega, que era ministro de Gobernación, lo manifestó en privado. Es decir, violentaron, manosearon la institucionalidad. Existen resoluciones de la Corte Suprema de Justicia, del Tribunal de Apelaciones, de la Procuraduría, de todos los organismos de la sociedad civil y del Estado donde se ratifica mi demanda y se admite y se ordena al presidente de la República que me reintegre, cosa que él no cumplió.* El Comisionado Bautista Lara no se apega a la verdad, pues yo estuve presente cuando el ministro Julio Vega le transmitió la decisión presidencial. También nos acompañaba el Director Nacional de la Policía Nacional, Edwin Cordero Ardila. En ningún momento mencionó Vega Pasquier al entonces alcalde Dionisio Marenco. Lo que si se le dijo, es que se había perdido la confianza en su labor y eso era suficiente para retirarlo de la institución policial. La confianza en Bautista Lara se perdió cuando la información que canalizaba (mientras Cordero Ardila estaba fuera del país), no era la correcta, y otros jefes policiales, leales a la institución y la presidencia, hicieron del conocimiento lo que ocurría. En reemplazo del Comisionado General Francisco Javier Bautista Lara, el presidente Bolaños designó al entonces Comisionado Mayor y Jefe de la Policía de Managua, Horacio Rocha, quien fue ascendido a Comisionado General.

Que se rindan las armas a la toga
Cicerón

La obediencia policial

En los momentos más difíciles presidencia del Ingeniero Enrique Bolaños Geyer, hay que admitir -de forma general- el respaldo y obediencia que la Policía Nacional brindó al mandatario. Quizá los momentos más difíciles fueron al pretender *implementar* las ilegales reformas la Constitución Política de la República, en la que arbitrariamente se creó la Superintendencia de Servicios Públicos (SISEP) y en el que pasaban bajo el control de los nombramientos de la Asamblea Nacional, a los principales entes autónomos descentralizados, como TELCOR, INAA, ENACAL, ENEL, entre otros. Los liberales y sandinistas pretendían repartirse por igual los cargos en estas instituciones, a lo que el presidente Bolaños se opondría frontalmente. La discusión en el plenario de la Asamblea Nacional de las iniciativas de reformas a la Ley Creadora de la Superintendencia de Servicios Públicos

(SISEP) y la Ley Creadora del Instituto de la Propiedad Urbana y Rural, significó un nuevo foco de tensión entre el Ejecutivo y el Legislativo. Después de superadas lasn protestas de los transportistas y *estudiantes universitarios* en demanda del 6 % del Presupuesto General de la República, el presidente evitó referirse a la posición asumiría ante la inminente aprobación de ambas reformas, únicamente dijo *vamos a contestar con acciones que vamos a tomar*, lo que no quedaba muy claro. El mandatario indicó que esas *actitudes,* eran legales, y aclaró que jamás haría algo fuera de la ley, *ni pienso hacerlo fuera de la ley.* Bolaños había pedido la anulación de ambas leyes, basado en la sentencia de la Corte Centroamericana de Justicia (CCJ) ante quien había recurrido en *secreto* y cuya favorable sentencia era la única arma legal de que disponía el presidente Bolaños para escudarse y proteger las instituciones que pretendían arrebatarles sus adversarios políticos. La sentencia de la Corte Centroamericana de Justicia, había declarado *inaplicables* las reformas constitucionales que restringían las facultades al Poder Ejecutivo. Empero, los diputados del PLC y el FSLN desconocían el fallo de la Corte Centroamericana de Justicia, basados en una sentencia de la Corte Suprema de Justicia de Nicaragua —*controlada por ambos partidos*—, que declaró *inconstitucional* el fallo del tribunal regional. Era un soberano relajo. Dos sentencias, dos fallos, dos opiniones diferentes y una Policía Nacional que debía obediencia tanto al Presidente de la República como a las leyes de la Nación. Difícil, muy difícil fueron dichos momentos para la jefatura policial, pero al final prevaleció la cordura y se obedeció al presidente Bolaños. Sí entraban en *vigencia* las reformas constitucionales y la Superintendencia de Servicios Públicos (SISEP), desaparecerían las estatales Empresa de Telecomunicaciones y Correos (Telcor), el Instituto Nicaragüense de Acueductos y Alcantarillados (INAA) y el Instituto Nicaragüense de Energía (INE). Junto a la Sisep nacerían cuatro Intendencias: de Telecomunicaciones y Servicios Postales, que sería sucesora de Telcor; Energía, que sustituiría al INE; Agua y Alcantarillado Sanitario, que remplazaría al INAA; y la de Atención a los Usuarios y Consumidores. El Partido Liberal Constitucionalista

147

(PLC) aspiraba dirigir la Sisep y la Intendencia de Energía, mientras que el Frente Sandinista de Liberación Nacional (FSLN), deseaba controlar las Intendencias de Telecomunicaciones, Agua y Atención a Usuarios. El Instituto de la Propiedad sería dirigido por un sandinista, y un liberal sería ubicado en la Subdirección. Al ser consultado el presidente Bolaños, si la situación ameritaba decretar un estado de emergencia en caso de que los sandinistas y liberales no sólo aprobarán las reformas, sino que eligieran nuevos funcionarios y usaran la fuerza para sacar a los directores de Telcor, INE e INAA —nombrados por el Ejecutivo—, dijo escuetamente: *No tengo comentario. No puedo adelantar la respuesta. Vamos a esperar a que las cosas sucedan,* agregó. Las reformas fueron aprobadas.

El coordinador de la bancada sandinista, Edwin Castro, reiteró que sí el Ejecutivo no reconocía la legalidad de la SISEP ni a los nuevos funcionarios a nombrar, se pondría al margen de la ley y de la Constitución, lo cual *es un delito* dijo el legislador sandinista a los medios de comunicación. Ante el caos, la comunidad donante instó al Ejecutivo y a las fuerzas mayoritarias a ponerse de acuerdo, incluso condicionó un desembolso para Nicaragua de US$ 120 millones de dólares hasta que el país alcanzara un acuerdo con el Fondo Monetario Internacional (FMI) y existiera *un clima de tranquilidad y buena gobernabilidad.* El presidente Bolaños desconoció los nombramientos de la SISEP, como desconocía la existencia de la nueva institución y la *legalidad* de las reformas constitucionales y todo lo que de ellas se derivara y al contrario, ordenó la custodia policial de las instalaciones de los entes autónomos para que no dejaran entrar a los f*uncionarios de facto* nombrados por los diputados libero-sandinistas. El presidente Bolaños solicitó a la OEA que enviara a Nicaragua una delegación permanente que, actuando como mediadora de un diálogo *amplio,* ayudara a solucionar la crisis y le permitiera al presidente recuperar el orden y la institucionalidad.

El llamado del presidente de Nicaragua a la OEA, era un clarisimo rechazo al papel de *mediador* que había jugado el

Cardenal Miguel Obando y Bravo. La respuesta de los *pactistas* fue la decisión de Contraloría ordenando *congelar* las cuentas bancarias del INE, INAA y TELCOR e iniciar un proceso de auditoría por *presunción de desfalco*. La Superintendencia de Bancos y Otras Instituciones Financieras, en consonancia con el pacto, respaldó a la Contraloría. También se introdujeron recursos de amparo contra la decisión presidencial de no permitir el ingreso a las oficinas de las institutiones públicas que el presidente Bolaños defendía. De forma inmediata, el Poder Judicial *aceptó* los recursos, colocando a la Policía en un dilema ¿a quién obedecer, al presidente Bolaños o la orden judicial? El FSLN y el PLC rechazaron inicialmente a la OEA como mediadora y se aferraron al Cardenal Obando alegando su *experiencia y su autoridad moral.*

Toda reforma impuesta por la violencia, no corregirá nada el mal.
El buen juicio no necesita de la violencia
León Tolstoi

Intentos de desaforación

El presidente del Parlamento, el sandinista René Núñez, explicó que las dos comisiones parlamentarias enían un plazo máximo de 20 días para elaborar sus dictámenes y presentarlos a la Primera Secretaria del Parlamento. *Este mecanismo de presión contra el presidente Bolaños para que aceptara las reformas, le echa más gasolina al fuego, que sabemos cómo se encendió, pero no cómo se va a apagar*, dijo el diputado Orlando Tardencilla, de la bancada oficialista *Azul y Blanco*, miembro de una de las comisiones. *Estas solicitudes de destitución contra el presidente Bolaños, están pendientes una desde 2003 y otra acaba de llegar recientemente; y entonces hay que evacuarlas* dijo, por su lado, la diputada sandinista Mirna Rosales. La Fiscalía de Nicaragua acusó en octubre de 2002 a Bolaños y a más de 30 miembros del PLC, entre ellos los siete ministros sobre los que se estudiaría su desafuero, por supuestos delitos electorales y por supuestas irregularidades en la campaña electoral de 2001.

El desafuero de Bolaños por las infundadas acusaciones fue pedido al Parlamento en enero de 2003. Contra Bolaños existían pendientes otras dos solicitudes de desafuero de parte de la Contraloría General de la República, por negarse a colaborar con una auditoría sobre el patrocinio de su campaña electoral en 2001 y por impedir un análisis en las cuentas de Telecomunicaciones y Correos (TELCOR). Liberales y sandinistas unidos sumaban 81 votos con los cuales se podría destituir con facilidad al presidente Bolaños. Mientras tanto, el ex canciller argentino Dante Caputo, enviado en misión especial por la OEA, iniciaba -en privado- su gestión facilitadora. La crisis había subido de tono, luego que el presidente Bolaños emitiera dos decretos en los que ordenaba a la policía cumplir y hacer cumplir la sentencia de la Corte Centroamericana de Justicia del 29 de marzo del 2005 que declaró las reformas constitucionales que aprobaron los diputados del PLC y el FSLN, *jurídicamente inaplicables*. Los juzgados de Nicaragua (controlados por sandinistas y liberales) iniciaron a su vez una *huelga* parcial indefinida, en protesta por las órdenes que el presidente Enrique Bolaños giró a la Policía Nacional. La *Asociación de Jueces y Magistrados de Nicaragua* informó que los juzgados trabajarían *parcialmente* en protesta por la decisión del Ejecutivo de desconocer las *sentencias* judiciales. Ante la escalada aún mayor de la crisis, la Organización de Estados Americanos hizo público un pronunciamiento donde *la organización hemisférica pidió un cese inmediato de cualquier acción que tienda a agravar la crisis política en el país centroamericano*. El organismo regional *exhortó en términos enérgicos a las partes involucradas a iniciar un diálogo amplio y constructivo, libre de presiones y amenazas, y en condiciones de igualdad,* dijo el Consejo Permanente de la OEA, lo que era un respaldo firme y abierto a la institucionalidad que defendía el presidente Bolaños Geyer en lo que fue el momento más álgido de su gobierno. En su intervención en la sede de la Organización de Estados

Americanos el 14 de julio del 2005, el presidente Bolaños presentó la situación que padecía su cada vez más débil gobierno.

En tiempos de crisis, la imaginación es más efectiva que el intelecto
Albert Einstein

Escalada en la intensidad de la crisis

Jurídicamente era muy difícil encontrar una solución aceptable para todos los actores involucrados. Sin embargo, teníamos que encontrar la *escalera de oro* que muchos buscaban para slvar la situación ante el respaldo firme de la OEA, el Grupo de Río, la Unión Europea y al SICA a favor del presidente Enrique Bolaños. La referencia más próxima era en el gobierno de la presidenta Violeta Barrios de Chamorro, cuando la Asamblea Nacional aprobó reformas constitucionales que no aplicó en virtud de un invento jurídico, a todas luces incostitucional, denominado *Ley Marco*, que limitaba la entrada en vigencia de las mismas hasta la entrega del gobierno el 10 de enero de 1997. Algo similar ocurriría en esta ocasión. Había que negociar. El presidente Bolaños era renuente a violentar las leyes, pero no había otra salida. Las recomendaciones que algunos irresponsables le sugirieron al presidente de utilizar al ejército y dar un *bolañazo,* nunca cruzaron por la mente del presidente Bolaños, él no estaba dispuesto a romper el orden constitucional utilizando la fuerza pública para imponer la razón que en justicia, le asistía. Las amenazas y chantajes de los sandinistas y liberales continuaron en contra el presidente Bolaños. El Parlamento nicaragüense conformó ayer una comisión que analizaría el eventual desafuero del mandatario por supuestos delitos electorales ocurridos durante el proceso electoral del año 2001. El objetivo era no dejar descansar a Bolaños por ningún motivo. Mientras tanto, el enviado especial del Secretario General de la OEA Dante Caputo, iniciaba su intensa jornada de intentar reactivar el *diálogo* entre las partes. La directiva del legislativo, que dominaban diputados del Partido Liberal Constitucionalista (PLC) y del Frente Sandinista de Liberación Nacional (FSLN), decidió conformar una comisión de desafuero contra la mitad de los ministros y otra para desaforar al mismísimo presidente Bolaños por delitos electorales, agudizando así más la crisis institucional que vivía la nación. Los ministros y viceministros a ser desaforados eran Mario Salvo Horvilleur (Agricultura) Julio Vega Pasquier (Gobernación) Miguel Ángel García y Vilma Rosa León-York (Educación); Leonardo Somarriba y Arturo Harding (Ambiente y Recursos Naturales); la comisión legislativa que se formó, conoció sobre la solicitud de desaforación tomando como argumentos legales las declaraciones del ex Director General de Ingresos en la administración del Doctor Arnoldo Alemán Lacayo, Byron Jerez. La Comisión especial aprobó el dictamen favorable a la suspensión del fuero del presidente Enrique Bolaños, por presuntos ilícitos en la campaña electoral de 2001, informó en su momento el diputado liberal constitucionalista Noel Pereira Majano (q.e.p.d.). *La comisión estableció que existen méritos para que se le quite el fuero y pase el dictamen a la primera secretaria para que lo someta al plenario*, informó el diputado chinandegano. La secretaría del Parlamento, que presidía la también diputada liberal Auxiliadora Alemán, debía entonces presentar el dictamen a la directiva para su llevarlo en la agenda parlamentaria. Lilian Morales Tabora, liberal presidenta de la otra comisión, explicó que el equipo de campaña del entonces candidato presidencial Enrique Bolaños, durante las elecciones del 2001, no reportó algunos depósitos a las autoridades, que abrió cuentas en bancos que no pertenecían al Sistema Financiero Nacional y además, no se determinó el origen de los fondos. En total, de acuerdo con los miembros de la comisión, durante la campaña electoral no se reportaron 8 millones de dólares y otros 12 millones de córdobas (738 mil dólares). Seis fueron los dictámenes emitidos en contra de los ministros de Estado. El juez *obediente* que seguía la causa, ordenó retención migratoria para los ministros desaforados, mientras el presidente Bolaños les instruía a presentar la denuncia de lo que ocurría en la sede de la Organización de Estados Americanos, hasta donde viajaron para defender el gobierno de Enrique Bolaños, cuando aún faltaban 18 meses para concluir el período. Por su parte, el Doctor Noel Ramírez Sánchez, ex Presidente del Banco Central en la administración del Doctor Alemán Lacayo, Secretario Nacional del PLC y diputado, se refería en los siguientes términos (sobre la desfloración del presidente Bolaños) *por un lado hay una resolución de la convención del partido para darle un mandato a la bancada para votar de acuerdo al dictamen de desaforación. Por otro lado, la posición nuestra siempre ha sido hacer posible que el presidente Bolaños termine su periodo presidencial. Entiendo que el tema de la desaforación está incorporado en la agenda de la junta directiva, pero no debemos anticiparnos a los acontecimientos. El Partido Liberal ha dicho que la solución a los problemas que enfrenta el país, es el diálogo de las tres partes; gobierno, FSLN, PLC, con el cardenal Miguel Obando como garante y la OEA como facilitador, además de todos los sectores que ya están incorporados al diálogo a través de la mesas sectoriales. Debe quedar claro, que el PLC en ningún momento se va a prestar a que se altere el orden constitucional. De darse una desaforación, tendría que ser apegada a la Constitución y las leyes, y es algo que no queremos que ocurra. Eso es bueno que lo sepa el pueblo de Nicaragua y la comunidad internacional. Hay de por medio una resolución de la convención facultando a la bancada a que vote de acuerdo al dictamen de desaforación, pero creemos que la solución es el diálogo nacional. Y que termine el mandato el presidente para que le imponga la banda presidencial al próximo presidente de Nicaragua que va a ser un verdadero liberal* dijo el diputado Ramírez Sánchez a CONFIDENCIAL. Cuan equivocado estuvo en esto último, pues el presidente Bolaños terminó entregándole la banda presidencial al comandante Daniel Ortega Saavedra ante la presencia del Doctor Arnoldo Alemán Lacayo, quien fuera invitado especial al acto de toma de posesión del 10 de enero del 2007. Mientras continuaba la crisis, el comandante Daniel Ortega se entrevistaba con personeros del *Centro Carter* y declara textualmente sobre las desaforaciones *el presidente es el primer ciudadano que está obligado a respetar la ley y no agarrar a esta gente y sacarlas, porque lo que está haciendo es protegerlas a pesar de que había una orden de retención migratoria de parte del juez, el presidente se fue con todo el Gabinete para darles la cobertura, y sacarlos. Eso los convierte, legalmente, en prófugos de la justicia. ¡Que vengan, que regresen al país y con todas las garantías, se presenten donde el juez*, dijo Ortega Saavedra. Era verdaderamente increíble que el señor Ortega Saavedra hiciera esos comentarios cuando todos sabíamos quién era la persona que manejaba *a su antojo* la justicia en Nicaragua. Eso decía el mismo Ortega Saavedra que se escudó en su inmunidad para no presentarse a juicio cuando fue demandado criminalmente. Mientras continuaba el acoso de sandinistas y liberales en Nicaragua, el presidente Bolaños, encontraba en los Estados Unidos un importante aliado en su lucha contra la alianza libero-sandinista. El Congreso estadounidense había aprobado una resolución en la que solicitaba a la Administración del Presidente George W. Bush que apoyara activamente al presidente Bolaños en el conflicto institucional. Sin embargo, los legisladores nicaragüenses no se sentían intimidados por el vecino poderoso del norte y continuaban amenazando con desaforar también al propio mandatario. El acuerdo aprobado por el Congreso norteamericano rechazaba las reformas constitucionales aprobadas en octubre del 2004 por la Asamblea Nacional que buscaban limitar el poder de Bolaños como presidente. El Gobierno de EEUU consideraba que *era perjudicial para la estabilidad política en Latinoamérica* y respaldaba a Bolaños Geyer. Los ministros desaforados pressentaron su denuncia en la Comisión Interamericana de Derechos Humanos, ante la que expusieron la crisis institucional que padecía Nicaragua. La mitad del gabinete de gobierno se encontraba fuera del país, amenazado de ir a la cárcel.

En octubre del 2004, el gobierno de los Estados Unidos ofreció *apoyo* al presidente Enrique Bolaños. Estados Unidos hizo público un pronunciamiento afirmando que los EEUU se encontraban *firmemente junto al gobierno del presidente Enrique Bolaños*, y condenaba lo que calificó de *intentos políticamente motivados para socavar el orden constitucional en esa nación*, señala la declaración emitida por el Departamento de Estado el

16 de octubre del 2004. Estados Unidos se unía así a los otros presidentes centroamericanos para expresar su apoyo al presidente Bolaños, y solicitaba que se reuniera el Consejo Permanente de la Organización de los Estados Americanos *para demostrar solidaridad hemisférica con el presidente Bolaños y determinación para preservar el orden democrático en Nicaragua*. La declaración integra hecha pública por Richard Boucher, portavoz del Departamento de Estado norteamericano decía: *El gobierno de Estados Unidos está firmemente junto al gobierno democráticamente elegido del presidente Enrique Bolaños. Deploramos los recientes intentos, políticamente motivados, basados en un precedente legal dudoso, para socavar el orden constitucional en Nicaragua y su presidencia. Nuestro gobierno se une a los presidentes de América Central para expresar apoyo al presidente Bolaños y condenar las recientes maniobras que constituyen una seria amenaza a la institucionalidad, el imperio del derecho y el gobierno democrático. Nos unimos al pedido para que el Consejo Permanente de la Organización de los Estados Americanos se sume al esfuerzo para demostrar solidaridad hemisférica con el presidente Bolaños y determinación para preservar el orden democrático en Nicaragua. Como lo expresó nuestro gobierno esta semana, apoyamos inequívocamente los esfuerzos del presidente Bolaños para erradicar la corrupción y promover la democracia en Nicaragua. Estas son metas que compartimos con los pueblos del hemisferio. Nos preocupa que el socavamiento de las instituciones democráticas ponga en peligro cualquier esfuerzo para promover el crecimiento económico y combatir la pobreza. Urgimos a las fuerzas políticas en Nicaragua que adhieren a la democracia, actuar responsablemente y poner los intereses del pueblo nicaragüense por encima de los intereses partidistas y personales,* finalizaba el texto de respaldo al presidente nicaragüense en una declaración *firme* que en su momento sirvió de respaldo *moral* al debilitado gobierno. Caputo, el enviado del Secretario General de la OEA, realizó un incesante trabajo de *ir y venir* con todos los actores de la vida política nacional involucrados en el tema. Ernesto Leal Sánchez

(q.e.p.d.) Secretario de la Presidencia, era el hombre de confianza de Enrique Bolaños para dirigir el equipo que diseñó y del que formé parte junto al ministro de Gobernación Julio Vega Pasquier y el Ministro de Hacienda y Crédito Publico, Mario Arana Sevilla y el Secretario de Comunicación Social, Lindolfo Monjarrez, entre otros. Leal Sánchez tenía mucha experiencia en estas lides. Había sido Canciller de la República en el gobierno de la Presidenta Violeta de Chamorro y participó en las negociaciones de la primera *Ley Marco* en 1995 ante el acoso del congreso de entonces a la presidenta Chamorro. Ernesto Leal Sánchez, fundador del Movimiento Democrático Nicaragüense en 1978, había sido viceministro de Industria el primer año de la *revolución* y era un hombre respetado por liberales y sandinistas. Llegó entonces el nuevo *Acuerdo Político* alcanzado entre liberales, sandinistas y el gobierno, donde se *postergaban* la entrada en vigencia de las Reformas Constitucionales hasta el 10 de enero del 2007, con el nuevo gobierno. Basta decir que ya con el presidente Ortega en la titularidad del ejecutivo, nunca entraron en vigencias las reformas hechas a la medida para arrinconar al anterior presidente Enrique Bolaños.

En las intervenciones que siguieron a la presentación de la *Ley Marco,* se destaca la disertación del entonces diputado Jaime Morales Carazo, miembro de la Bancada *Azul y Blanco* y que apoyaba al gobierno del presidente Enrique Bolaños y que posteriormente alcanzaría la vicepresidencia de la República bajo el liderazgo del comandante Daniel Ortega Saavedra. Morales Carazo (dijo en la Asamblea Nacional) *yo me uno a las expectativas de una sorpresa anunciada tan profusamente, y espero que no resulte como en el parto de los montes, que después de tanta alharaca resultó un pequeño ratoncito. Yo hablo como Diputado independiente de la Bancada Azul y Blanco, que se ha caracterizado por haberse nutrido en las fuentes de la disidencia, que son las que encarnan y las que dan vigor a la democracia, una bancada heterogénea y pluralista. Yo dije desde el comienzo que ésta no era mi bancada, que era una serie de taburetes asociados. Esa bancadita, como se lo dije ahora, se está volviendo más chiquita, porque en este país no hay sorpresas sino sorprendidos, pues hasta los candidatos comienzan a armar sus propias bancadas, y eso está bien porque ése es el juego democrático, esa es la gimnasia. Yo he escuchado con mucho interés y con gran optimismo todas las expresiones de buena voluntad que se han manifestado por los diferentes voceros de las organizaciones políticas, y todos coinciden en buscar lo mejor para Nicaragua, todos coinciden en el fondo, y las diferencias parecieran estar en la forma; pero dijo un viejo político y gran maestro político mexicano, Reyes Eroles, que en política la forma es el fondo. Así que yo creo que debe cuidarse mucho la forma en todas estas cosas del quehacer político. También si la voluntad está expresada y ésta es una crisis política básicamente, que se ha venido desarrollando con gran peligro de que se escale y nos lleve a niveles que no quisiera ni siquiera ponerme a imaginar, ¿por qué no le encontramos un camino, una solución política, que es lo que pretende esta Ley Marco?. Yo creo que hay diferencias, naturalmente, sobre la naturaleza de su legalidad en la Ley Marco. En mi percepción, sin ser un constitucionalista ni un jurista, me parece que no violenta la Constitución, sino que pospone la aplicación de ciertas medidas. Pero hay que respetar todas las dudas, las incógnitas que encierra, los vacíos que se vienen tejiendo, todo este Estado de hecho y no de derecho que prevalece en Nicaragua, que ya se está volviendo una constante, y corrijamos esos vacíos. Dicen algunos que este Plenario es soberano. Claro que es soberano. Pero no es soberano para hacer soberanos disparates, ni soberanas violaciones a la ley, ni a la Constitución de la República. Debemos tener al mínimo, cierta disciplina. No podemos nosotros estar trabajando sin Reglamento y sin Estatuto. No podemos caer nuevamente en que los que determinen lo que es legal, lo que es ilegal, lo que es moral, lo que no es ético, lo que es legítimo, etc., sea el peso de la masa; la masa genera una propia dinámica. No basta, ni de sabio es leer a Gustavo Leblón para poder saber la dinámica terrible que pueden generar las masas, en donde se priva la conciencia y la razón y prevalece exclusivamente la pasión. Creo que hay que corregir esta cosa, y modificar los Estatutos. Entonces, si somos soberanos de*

157

hacer todo, ¿para qué tenemos leyes, si las podemos reformar con un grupo de personas que se juntan? Yo creo que hay que tener un ordenamiento mínimo de autodisciplina para podernos entender y poder convivir civilizadamente. Si durante la guerra que destruyó en gran parte nuestro país, y principalmente desgarró el tejido social de la familia nicaragüense, encontramos que como primer paso para ponerle fin, fue alcanzar un cese al fuego; después vinieron otra serie de cosas muy sui géneris en Nicaragua, como sui géneris es todo lo que ocurre aquí. Hagamos esto, que esto es lo que se está buscando; paremos la inestabilidad que nos está llevando a un abismo, pasemos la "cuesta" Ley Marco que tiene gran sentido de sensatez y de prudencia y que da ejemplo de flexibilidad. Yo creo que muchos de los apreciables observadores internacionales, unos que nos acompañan y otros que están ausentes, ponen en duda a veces la lógica de nuestra política, y no dejan de tener razón porque aquí primero hacemos el marco y después vamos a buscar la foto o a pintar el cuadro que vamos a poner dentro del marco. Pero ésa es nuestra lógica, así funcionamos y cada pueblo tiene su propia lógica; y dentro de la ilógica de la política, que no es ni aristotélica, ni pitagórica, ni de Santo Tomás o escolástica, toda política tiene su regla, tiene su propia lógica. Recientemente los premios Nobel de Economía se otorgaron a conceptos y teorías totalmente novedosas y que parecían disparatadas en un tiempo, el reconocimiento en la teoría de los juegos, también lo que es la tesis de toda la teoría en el manejo de la catástrofe; y también cada día más en este país del azar, estoy encontrando que hay una lógica que está cimentando el embase científico en la aplicación del azar. Yo creo que no nos debemos detener tanto en la carpintería, en las tecnicidades, y en todas estas cosas que van a nutrir mucho el debate, vayámonos a lo fundamental: queremos los nicaragüenses encontrar una solución a esta crisis política. Así como encontramos una solución a la terrible, no crisis, a la guerra civil que nos ensangrentó y nos destruyó y la única forma fue dialogando, pues si hay voluntad hagámoslo, no nos levantemos de aquí sin encontrarla. Pero no hagamos disparates, no somos soberanos para hacer esos soberanos dislates. Yo creo que es cierto que en este país mágico también, ocurren cosas como cuando muy socorridamente se dice, yo apuesto a tal cosa, yo apuesto, como que si fuéramos un juego, una ruleta, un casino, que han proliferado terriblemente en el país. Aquí en Nicaragua si se tira una moneda al aire para ver quién gana, cara o cruz, pues pueden ocurrir tres cosas: uno, que violentando todas las leyes de la gravedad la moneda no caiga; dos, que alguien se la robe en el aire; y tres, que caiga de canto. Por eso, señor presidente, sin entrar en muchas profundidades y ampulosidades filosóficas, yo me inclino por que votemos por este proyecto del Ejecutivo que tiene un gran consenso mayoritario, porque ya está cansado el país de estar viendo tanto desgarre, tanto desangre, y el primer paso para eso es un cese al fuego; atemperemos los ánimos y con paciencia, prudencia y tolerancia encontremos una salida feliz para todos los nicaragüenses finalizó diciendo Morales Carazo.

Otra intervención interesante fue la del diputado Bayardo Arce Castaño que dijo *esta Ley Marco para la Estabilidad y Gobernabilidad del País, ¿será la solución ideal para todos los acuciantes y urgentes problemas que tiene Nicaragua, y su pueblo? Yo creo que todos estamos claros que no. El primero en estar claro de eso es el Presidente de la República, que nos la ha enviado, quien con gran realismo dice que nos envía esta ley, motivado por el deseo de brindar a Nicaragua la estabilidad que requiere, para alcanzar el desarrollo pleno en todos los ámbitos de la vida nacional, así como contribuir al proceso de institucionalización de la democracia*, afirmó el actual Asesor para Asuntos Económicos y Financieros de la presidencia de la República.

La Ley Marco fue aprobada por 85 votos a favor, 0 abstenciones y 0 en contra y en presencia del nuevo vicepresidente de la República, Alfredo Gómez Urcuyo (que sustituyó al doctor José Rizo Castellón que renunció para postularse a la presidencia por el PLC), altos mandos del Ejército de Nicaragua y de la Policía Nacional, así como del enviado (y ya cansado) especial del Secretario General de la OEA y ex canciller argentino, Dante Caputo. Culminaba así, otro episodio de la política nicara

La libertad, Sancho, es uno de los más preciosos dones que a los hombres dieron los cielos; con ella no pueden igualarse los tesoros que encierran la tierra y el mar: por la libertad, así como por la honra, se puede y debe aventurar la vida
Miguel De Cervantes

Capítulo VI
Sus Sanchos Panzas

Enrique Bolaños, nunca *soltaba prenda* sobre quienes serían los que le acompañarían en el gobierno. Durante la campaña, algunos de sus colaboradores se dieron a la tarea de recopilar información en un *banco de datos* que poco sirvió a la hora de la escogencia del gabinete. Una de las personas encargadas de reclutar el eventual equipo de gobierno, fue Norman Caldera con la asistencia de Fausto Carcabelos y Tito Chamorro. Posterior a la victoria electoral del 4 de noviembre del 2001, el equipo del presidente electo ,utilizó la sede de la antigua Cancillería de la República para establecer el *equipo de transición*, lo que incluía las actividades protocolarias que la ocasión demandaba, así como lo relacionado a la recepción de ministerios y entes autonómos. 5 días después del triunfo electoral, el presidente electo nombró al ingeniero Mario Salvo Horvilleur como Coordinador de su equipo. *Aunque (Alemán y yo) seamos del mismo partido, un nuevo encargado va a recibir, y yo quiero saber lo que recibo* dijo Bolaños Geyer a los medios de comunicación. Mario Salvo había colaborado intensamente en la campaña de don Enrique desde el inicio de su precandidatura y fue miembro del Comité de Finanzas del PLC en las campañas de Alemán Lacayo y de Bolaños Geyer.

El *equipo de transición* del presidente electo lo integraban también Mario Arana Sevilla, Avil Ramírez, Terencio García Montenegro, Alfredo Artiles, Álvaro Montalván Pallais y Mariano Buitrago, entre otros. La parte protocolaria fue dirigida por Desiré Pereira, ex Gerente General de la Cámara de Comercio Americana de Nicaragua (AmCham). Por parte del gobierno saliente, el presidente Alemán Lacayo designó como

Coordinador de su equipo, al ingeniero David Castillo, secretario de la Presidencia de la República y para los aspectos logísticos a la vice canciller de la República, doctora Bertha Marina Arguello. Las condiciones de trabajo del equipo de transición del gobierno entrante contó con la asistencia del Programa de Naciones Unidas para el Desarrollo (PNUD), quien aprobó un proyecto modesto de asistencia económica. A finales de noviembre del 2001, el presidente electo anunció en conferencia de prensa en las instalaciones de la antigua casa de campaña del Partido Liberal Constitucionalista (PLC), una parte de su gabinete:

Azucena Castillo como Secretaria de la Presidencia. Castillo había fungido como viceministra de Economía en el gobierno de Arnoldo Alemán; era de filiación liberal y estaba casada con el último Secretario Privado del ex Presidente Anastasio Somoza Debayle, el Doctor Edgar Solano Luna (q.e.p.d.);

Eduardo Montealegre Rivas como ministro de Hacienda y Crédito Público. Montealegre era 3er. vicepresidente del Partido Liberal Constitucionalista (PLC), había sido ministro de la Presidencia y Canciller de Arnoldo Alemán hasta el año 2000, en que renunció para aspirar a la candidatura a la presidencia. Montealegre había fungido también como Jefe de Campaña de Bolaños Geyer.

Norman Caldera Cardenal, como ministro de Relaciones Exteriores. Economista de profesión; primo de la primera esposa de Arnoldo Alemán Lacayo y ministro de Fomento, Industria y Comercio en dicha administración, cargo al que renunció para dedicarse a la campaña de Bolaños Geyer; Caldera Cardenal había ocupado cargos secundarios en la Secretaria de Integración Económica Centroamericana (SIECA).

Lucía Salvo Horvilleur, como ministra de Salud. Economista y ex presidente de la Cámara de Comercio Americana de Nicaragua (AmCham); estuvo ligada a mediados de los años 90´s con movimientos que propugnaban por una *tercera vía* como opción al PLC de Arnoldo Alemán y al FSLN de Daniel Ortega, participando en política junto al ex Jefe del Ejército, General ® Joaquín Cuadra Lacayo, Ernesto Leal Sánchez, Manuel Ignacio Lacayo, entre otros. Salvo Horvilleur colaboró con el gobierno de la presidente Violeta Barrios de Chamorro como presidenta de la Junta Directiva de la Lotería Nacional. Era reconocida como una mujer de carácter fuerte y de mucha integridad.

Margarita Gurdián como viceministra de Salud. Profesional y técnica de experiencia; sin mayor militancia política conocida.

Silvio De Franco Montalván como ministro de Educación. De Franco era catedrático del Instituto Centroamericano de Administración de Empresas (INCAE) y por algún tiempo había sido ministro de Economía en la administración de doña Violeta Barrios de Chamorro.

José Augusto Navarro Flores, como ministro Agropecuario y Forestal. Navarro Flores era un acaudalado y reconocido agricultor del occidente del país. Fue opositor al somocismo y al gobierno sandinista desde el Movimiento Democrático Nicaragüense (MDN) junto a Alfonso Robelo Callejas. Salió al exilio y siguió colaborando con la Resistencia Nicaragüense. Navarro Flores también fue ministro Agropecuario y Forestal en la administración de Alemán Lacayo.

Carlos Arturo Harding Lacayo como ministro de Gobernación. Harding Lacayo dirigió durante la campaña de Bolaños Geyer la *Cruzada Ciudadana* con el objetivo de promover el voto y la defensa del mismo. Fue también de los organizadores del grupo *Amig@s de Bolaños* aglutinando a representantes de diversos sectores políticos *no-liberales.* Harding Lacayo había sido Contralor General de la República en la Administración de doña Violeta de Chamorro; Director del Sistema Nacional de Prevención, Mitigación y Atención de Desastres (SINAPRED) y presidente del estatal Instituto Nicaragüense de Seguros y Reaseguros (INISER) bajo el Presidente Arnoldo Alemán Lacayo. Políticamente, participó en el Movimiento Democrático

Nicaragüense y fue interinamente Coordinador Ejecutivo de la pre campana electoral de Enrique Bolaños Geyer.

En las semanas siguientes, Bolaños se dedicó a preparar una gira internacional que lo condujo a visitar a los presidentes centroamericanos, así como a sus homólogos en México, Estados Unidos, España, y las principales autoridades comunitarias de la Unión Europea en Bruselas, como Javier Solana Madariaga. A finales de diciembre del 2001, el presidente electo continuó con la designación del resto de su gabinete de gobierno lo que quedó conformado de la siguiente forma:

Marco Narváez Baca como ministro de Fomento, Industria y Comercio. Narváez había fungido como Director Ejecutivo de la Asociación de Bancos Privados de Nicaragua y era de tendencia liberal

Pedro Solórzano Castillo, como ministro de Transporte e Infraestructura. Solórzano era de filiación conservadora; aspiró a la Alcaldía de Managua en las elecciones de 1996 y era el *favorito* –según las encuestas- por la organización de suscripción popular *Viva Managua*, pero resultó en tercer lugar. Fue nombrado Jefe de Campaña departamental en Managua en la última etapa de la contienda.

Virgilio Gurdián Castellón, como ministro del Trabajo; abogado de profesión, Gurdián era dirigente intermedio en el PLC y durante el gobierno del presidente Alemán Lacayo fungió como director del Instituto Nicaragüense de Reforma Agraria.

Jorge Salazar Cardenal, como ministro del Ambiente y Recursos Naturales. Este nombramiento revestía de un simbolismo importante, pues Salazar Cardenal era el hijo mayor de Jorge Salazar Arguello, dirigente empresarial asesinado por agentes de la Seguridad del Estado del gobierno sandinista en septiembre de 1980.

José Guerra Pastor, como ministro de Defensa y María Auxiliadora Cuadra de Frech como viceministra. Ocuparon los mismos cargos al final del gobierno del presidente Arnoldo Alemán Lacayo y fueron *confirmados* por el presidente Bolaños. Guerra era conservador y había sido secretario privado de su tía, la presidenta Violeta Barrios de Chamorro y también llegó a ser por un período breve, vice canciller en el gobierno de Arnoldo Alemán. Cuadra de Frech era una profesional de prestigio, esposa del empresario Sucre Frech y era dirigente femenina del PLC

Natalia Barillas, como ministra de la Familia. Barillas era dirigente de las mujeres liberales y había servido como viceministra de dicha dependencia en la administración Alemán Lacayo.

Además de Azucena Castillo en la Secretaría de la Presidencia, Enrique Bolaños Geyer juramentó el 10 de enero del 2002 a los siguientes secretarios con rango de ministro:

Mario De Franco Montalván como Secretario de Coordinación y Estrategias; De Franco fue profesor del INCAE y era economista; fue ministro Agropecuario y Forestal en la administración de Arnoldo Alemán Lacayo. Colaboró en la formulación del programa de gobierno de Enrique Bolaños

Julio Vega Pasquier, como Asesor Jurídico. Abogado de profesión, trabajó con Bolaños Geyer en la Vicepresidencia de la República y fue su Secretario Privado en la campaña electoral. Era uno de los miembros más jóvenes del gabinete de gobierno; posteriormente fue designado ministro de Gobernación. Fue uno de los funcionarios más cercanos al presidente Bolaños.

Ernesto Leal Sánchez (q.e.p.d.), como Secretario de Asuntos de Integración. Ingeniero de profesión, Leal Sánchez había sido Canciller de la República en el gobierno de la Presidenta Chamorro y Secretario General del Sistema de la Integración Centroamericana (SICA). Perteneció al Movimiento Democrático Nicaragüense (MDN) y en las elecciones de noviembre del 2001 era candidato a diputado por el Partido Conservador. En el primer gobierno sandinista, fungió como viceministro de Industrias por algunos meses.

Avil Ramírez Valdivia como Secretario Privado de la Presidencia. Abogado de profesión, fungió como Director General de Política Exterior en los gobiernos de los presidentes Violeta Barrios de Chamorro y Arnoldo Alemán Lacayo. Fue directivo del Movimiento Democrático Nicaragüense (MDN) y colaboró en la campaña de Bolaños Geyer.

Mario Arana Sevilla, como Secretario Técnico. Economista de profesión, Arana Sevilla laboró en la secretaría técnica en la administración de Arnoldo Alemán Lacayo.

Alejandro Fiallos Navarro, como Secretario de Comunicación Social. Administrador de Empresas y miembro del PLC. Fue viceministro de Transporte e Infraestructura en el gobierno de Arnoldo Alemán y candidato a vice alcalde de Managua en noviembre del 2000 junto a Wilfredo Navarro Moreira.

Lindolfo Monjarrez, como Secretario de la Juventud. Ingeniero Industrial de profesión, Monjarretz era dirigente de la Juventud del Partido Liberal Constitucionalista y con mucha proyección en las bases partidarias.

Ramón Lacayo Palma, como Secretario Personal. Administrador de Empresas. Fue asistente en la campaña a la Alcaldía de Managua de Wilfredo Navarro del PLC. Fue ayudante personal en la campaña electoral de Bolaños Geyer.

Oscar Herdocia Lacayo, como Procurador General de la República. Abogado de gran prestigio. Fue dirigente socialcristiano y del Movimiento Democrático Nicaragüense (MDN) contra el gobierno de Anastasio Somoza Debayle. Fue compañero de estudios de Bolaños Geyer en el Colegio Centroamérica de Granada. Para su nombramiento, ya Herdocia Lacayo había sido diagnosticado con una grave enfermedad.

Otros nombramientos relevantes en otras instituciones del gobierno fueron el de Francisco Fiallos Navarro como Sub Procurador General de la República. Abogado. Dirigente social cristiano en su juventud, fue embajador del gobierno sandinista en Estados Unidos, de donde renunció en 1982 para apoyar al entonces dirigente contrarrevolucionario Edén Pastora Gómez. Mario Alonso Icabalceta, Presidente del Banco Central. Abogado y economista. Laboró en el Banco Mundial y trabajó en el movimiento *Amig@s de Bolaños* en la campaña electoral. Edda Callejas como presidenta del Instituto Nicaragüense de Seguridad Social. Vilma Rosa León-York, como presidente del Instituto Nicaragüense de Seguros y Reaseguros (INISER). Fue Secretaria General de la Vicepresidencia de la República y una de sus más cercanas colaboradoras desde el inicio de su precampaña. Roberto Porta como director del Instituto Nacional Tecnológico; fue Secretario Privado del vicepresidente Enrique Bolaños. Ivania Toruño como directora del Instituto Nicaragüense de la Mujer, era dirigente femenina del Partido Liberal Constitucionalista. Mario González Lacayo como director del Instituto Nicaragüense de Telecomunicaciones y Correos (TELCOR).; había fungido como vicepresidente de INISER en el gobierno de Arnoldo Alemán. Ausberto Narváez como presidente del Instituto Nicaragüense de Turismo, fue candidato presidencial del desaparecido Partido de Unidad Liberal (PUL) en las elecciones de 1996. Hijo del mártir liberal independiente Ausberto Narváez, que fuera asesinado por la guardia de Somoza y acusado de participar en el asesinato del General Anastasio Somoza García en 1956. Fue ministro consejero de la Embajada de Nicaragua en México durante el gobierno sandinista, así como administrador de Aerónica en la ciudad de Miami. Miguel Ángel Casco, director del Instituto de Estadísticas y Censos, que era ex miembro de la Dirección Nacional del FSLN y ex diputado. Miguel Ángel García, director del Instituto de Desarrollo Rural y financiero en la campaña electoral. Harold Rocha, director del Instituto de apoyo a la Pequeña y Mediana Empresa. Napoleón Chow Hurtado, como director del Instituto Nicaragüense de Cultura. Roberto Urroz Castillo, ex presidente y fundador del Movimiento Democrático Nicaragüense (MDN) como Director del Instituto Nicaragüense de Juventud y Deporte.

Claudio Gutiérrez Huete, director del Instituto Nicaragüense de Estudios Territoriales (INETER). Carlos Duarte, Director del Instituto Nicaragüense de Fomento Municipal (INIFOM); médico de profesión y dirigente intermedio del PLC. Carlos Ulvert Sánchez, fue anunciado como *embajador designado* en los Estados Unidos.

El médico competente, antes de dar una medicina a su paciente,
se familiariza no sólo con la enfermedad que desea curar,
sino también con los hábitos y la constitución del enfermo
Cicerón

Los médicos del presidente

Los médicos del presidente Enrique Bolaños no tuvieron mucho trabajo en su quinquenio. En los 5 años nunca se enfermó. Una que otra gripe y una cirugía ambulatoria de la mano, uno que otro *chequeo* de rutina. El Presidente Bolaños, por su ritmo de trabajo y con lo agitado del cargo, eran largas jornadas: de lunes a domingo; de reunión en reunión; de discurso en discurso; de inauguración en inauguración; de *clavo* en *clavo*; de problema en problema y contaba pues, para ello, con dos médicos que le asistían: Domingo Bermúdez (q.e.p.d.), quien falleció en el año 2013. Regordete y ocurrente; originario de Managua, fue egresado del Instituto *Ramírez Goyena* y con muchos sacrificios sus padres lo enviaron a estudiar a la Escuela de Medicina en la ciudad de León. El Dr. Bermúdez se especializó en Medicina Interna y con la llegada del sandinismo en 1979, emigró hacia Estados Unidos a la ciudad de New Orleans. Trabajó como asistente en una cárcel en el Estado de Luisiana; aprendió el inglés y sobrevivió con decencia y decoro durante su exilio. Regresó a Nicaragua por instancias de don Jaime Morales Carazo, con quien guardaba una amistad de muchos años. Bermúdez acompañó durante la campaña electoral a Bolaños Geyer. Desde joven le endilgaron un sobrenombre, no muy simpático: *El Sapo*. El sapo Bermúdez. Muy pocos eran los que se atrevían a decirle así. El otro médico, Donald Montenegro, especialista en cardiología también tenía su apodo, pero sólo Bermúdez lo recordaba constantemente. El *pato* Donald, *desde la universidad le decíamos así,* decía el Dr. Bermudez con quien habían compartido las aulas en León, pero que nunca pudieron llevarse bien. Eso era público, por eso se hace referencia al hecho. Montenegro era más calmo. Pausado y esquivo. Callado. También criticaba al *sapo* tanto como el *sapo* criticaba al *pato*. Los dos, tratandolos por separado, eran muy serviciales y atentos con quienes acompañaban al presidente Bolaños en el gobierno. Montenegro brindaba mayor servicio a la Primera Dama, doña Lila T. Abaunza de Bolaños (q.e.p.d.). También el doctor Montenegro era el médico personal (y continua siendo) del expresidente Arnoldo Alemán Lacayo. Eso no dejaba de preocupar –infundadamente- a algunos de los que andaban cerca del presidente Bolaños. Sin embargo, el doctor Montenegro siempre gozó de la confianza de la pareja presidencial y del respeto de todos.

Quien no haya sufrido como yo, que no me dé consejos
Sófocles

Los primeros *consejos*

Las personas escogidas por el presidente electo para iniciar su gobierno, reflejaban una sustancial independencia de su antecesor Arnoldo Alemán Lacayo; sin embargo, la presencia de varios dirigentes liberales era notable. El 4 de enero del 2002, 6 días antes de asumir la presidencia de la República, Enrique Bolaños convocó a lo que sería su gabinete pleno y se reunió en el Hotel Intercontinental Metrocentro. El presidente Bolaños había conversado privadamente con cada uno de los invitados a acompañarle en su gobierno y quería ahora dar las guías generales de su forma de trabajo. Habló de sus expectativas y de lo que esperaba de sus colaboradores. Les recordó su política de austeridad y destacó el compromiso que estaban adquiriendo con Nicaragua, dejando –supuestamente- claras las *reglas del juego.*

1) *No manejar viendo el retrovisor.* No podíamos llegar a asumir el gobierno buscando *chivos expiatorios* y escarbando en los errores y abusos de los que entregaban sus cargos. Lo prioritario era avanzar. Para poder manejar el vehículo de forma adecuada, no podíamos conducirlo únicamente viendo hacia atrás. Las *cosas sucias* que salieran, se enviarían a las autoridades correspondientes que se encargarían de proceder conforme a la ley.

2) *En boca cerrada, no entran moscas.* Advirtió a los nuevos ministros y funcionarios sobre la importancia de dedicarse a trabajar y *no andar hablando más de la cuenta.*

3) *Zapatero a tus zapatos.* Cada quien tiene que dedicarse a lo suyo. Nada de andar metiéndose en el trabajo de otros. De esa forma se mantendría la armonía para poder ejercer las responsabilidades como una gran sinfonía.

4) *Las fichas azules.* El presidente Bolaños ejemplificó como deseaba que fuese la forma de trabajo de sus ministros y funcionarios. *Hagan de cuenta que las fichas azules valen 500 córdobas; las rojas, valen 100 y las blancas 10 córdobas. Ustedes, cuando tengan que venir a tratar asuntos con el presidente, tráiganme asuntos de relevancia, fichas azules. Así podremos coordinar mejor nuestro tiempo y ser más eficaces* dijo Bolaños Geyer en su primera reunión con quienes iniciaría su gobierno el 10 de enero del 2002.

Bolaños recordó también la importancia del comportamiento público y privado de sus nuevos funcionarios, los que debían de regirse por las normas elementales de moralidad y rectitud. La puntualidad, la atención a la ciudadanía, el buen servicio, la amabilidad y el compañerismo que debía existir entre los funcionarios de gobierno. Fue claro en señalar que respetarse el servicio de los profesionales que laboraban en el gobierno, sin importar sus preferencias ideológicas, y que únicamente en casos de extrema relevancia y causa justifica, se harían cambios en las instituciones.

> *Soy vanidoso, pero no en lo que se refiere a mi apariencia*
> *y sí en cuanto a mi trabajo*
> Harrison Ford

Las bajas y los invitados a partir…

En la administración de Enrique Bolaños Geyer, hubo algunos ministros y altos funcionarios que renunciaron por diversas razones. Otros fueron *trasladados*, entre ellos José Guerra, Silvio De Franco Montalván, Roberto Zelaya Blanco, Jorge Salazar Cardenal, José Antonio Alvarado (para ser candidato a la vicepresidencia por el PLC), Carmen Largaespada, Natalia Barillas, Bertha Marina Arguello, Joel Gutiérrez, Eduardo Montealegre Rivas (para lanzar su candidatura presidencial por ALN), Ricardo Vega Jackson, María Auxiliadora Cuadra, Carlos Ulvert Sánchez, Eduardo Montiel, Lucía Salazar y otros más.. Unos cuantos iniciaron, se fueron y regresaron, como Alberto Novoa y Francisco Fiallos.

> *Las personas, son sus principios*
> Bárbara Streisand

La llave

Especial mención merece una joven mujer de carácter fuerte y *sin pelos en la lengua* para decir las cosas. Fabricia Sánchez. Ideológicamente estaba muy definida. Su anti-frentismo era evidente. No lo ocultaba nunca, pero no por ello influía en su trato amable. Tenía sangre fría y nervios de acero, por los menos los primeros dos años de gobierno. Ella estuvo con el presidente Bolaños desde el 10 de enero del 2002 al 10 de enero del 2007. A las 4:30 de la madrugada o a las 10 de la noche. Sábado o martes. Siempre estuvo Fabricia Sánchez quien no era del Partido Liberal, pero si había conocido a Enrique Bolaños en la vicepresidencia de la República, en donde trabajó en un proyecto sobre transparencia. Su abuelo es el socialista líder sindical histórico y ex diputado del FSLN: Domingo Sánchez Salgado, conocido popularmente como *chaguitillo,* socialista desde muy joven, encarcelado decenas de veces por el somocismo. Su padre, también fue del Partido Socialista, Luis Sánchez Sancho, quien es Editor de la página de opinión del Diario LA PRENSA y quien fue diputado de la Unión Nacional Opositora en los años 90´s y colaboró cercanamente con Antonio Lacayo Oyanguren y Alfredo César Aguirre. Su madre, la profesora Hortensia Rivas, era igualmente una dirigente socialista que había *evolucionado* políticamente hasta convertirse en dirigente del Partido Conservador. Fabricia Sánchez era la verdadera *llave de acceso* al presidente de la República.

*La vocación del político de carrera
es hacer de cada solución, un problema*
Woody Allen

Capitulo VII
D.O.S.

*Si no puedes tener la razón y la fuerza escoge siempre la razón y deja
que el enemigo tenga la fuerza. En muchos combates puede la fuerza
obtener la victoria, pero la lucha toda, sólo la razón vence.
El poderoso nunca podrá sacar razón de su fuerza,
pero nosotros siempre podremos obtener fuerza de la razón.*
Sub Comandante Marcos (EZLN)

El Comandante

Enrique Bolaños Geyer *conoció* a Daniel Ortega el viernes 20 de julio de 1979 por televisión, con el resto de los dirigentes *revolucionarios* que llenaban la Plaza de la República. Posteriormente conversó un par de veces a inicios de los años 80´s en las pocas reuniones que sostuvo el gobierno con el COSEP. En los años 80´s, Bolaños era duro. Durísimo. Les endilgaba a los comandantes *revolucionarios* epítetos fuertes, tales como: *ladrones, sinvergüenzas, totalitarios, dictadores, comunistas, asesinos, terroristas, criminales.* ¡Qué no les decía! Se los decía en su cara y siempre que tenía oportunidad. Les mostraba los números y les decía lo mal que marchaba la desastrosa economía. Les restregaba el fracaso del proyecto marxista y no vacilaba en denunciar las arbitrariedades cometidas en nombre de la *revolución.*

Quizás por su radical posición frente al Frente, hubo miedo en la mayor parte de los 14 partidos de la Unión Nacional Opositora que escogieron en septiembre de 1989 a doña Violeta como candidata presidencial. Enrique Bolaños era *muy duro*. Ni siquiera de candidato a vicepresidente lo quisieron. Tal vez tenían razón. Daniel Ortega, con experiencia acumulada *negociando desde abajo* con (o contra) doña Violeta de Chamorro y el doctor Alemán Lacayo, con su amenaza permanente de incendiar el país con un solo llamado a sus *bases,* le tocaría ahora tratar con Enrique Bolaños. Quería seguir gobernando. Además, Bolaños era un hombre mayor, sin ambiciones continuistas y no tenía liderazgo en el partido que lo había llevado al poder.

La relación del nuevo presidente, a pesar de que Ortega llegó con Agustín Jarquín a reconocer su derrota, no inició del todo bien. Los diputados del FSLN no asistieron al acto de Toma de Posesión de Enrique Bolaños, aduciendo fraude electoral. El FSLN había obtenido 38 diputados, pero tenían el poder del *chantaje* y la amenaza de la intimidación al que estaban acostumbrados por más de 10 años en la oposición.

El miércoles 13 de febrero, miércoles de ceniza, a las 8.00 de la mañana el presidente Enrique Bolaños recibió en su despacho al diputado Daniel Ortega Saavedra, quien se hizo acompañar del ingeniero Dionisio Marenco, el diputado René Núñez Téllez y el ex sacerdote Miguel Escoto Brockman. Al presidente Bolaños eyer le acompañaron Eduardo Montealegre Rivas, Mario De Franco Montalván, Avil Ramírez y Frank Arana Icaza. Nadie más. Solo se permitió las ocasionales entradas al comedor presidencial del asistente personal del diputado Ortega Saavedra, Federico *Pitín* Lacayo, inseparable –en esos tiempos- de Ortega. Lacayo asistía a Ortega, quien no era capaz de ingerir café o agua que no le entregara *Pitín* Lacayo. Siempre fue así durante los encuentros con el presidente Bolaños. Ese primer encuentro del presidente Bolaños con Ortega en la presidencia fue insulso. Ortega escuchó y escuchó. El ministro Eduardo Montealegre expuso de forma general la situación económica y financiera del país y detalló los requerimientos que urgía el país en materia legislativa y cuya aprobación se requería en la Asamblea Nacional

Ortega lucía aburrido. Como que no entendía mucho de lo que se hablaba. Hizo un par de preguntas en el orden económico, pero no profundizó sobre ellas. El alcalde Marenco comentó algunas cosas superficiales; Escoto estuvo siempre a la defensiva y René Núñez observando todo con cautela y mirada de francotirador, pero siempre, muy respetuoso. El presidente Bolaños se refirió a Daniel con cortesía, siempre lo llamó Daniel. Ortega siempre le dijo presidente. Antes del encuentro con las respectivas delegaciones, le sugerí al presidente Bolaños, que para *romper el hielo,* invitara a Daniel Ortega a pasar por su despacho y estuvo de acuerdo; pero la franqueza del presidente Bolaños pusieron a Ortega Saavedra a la defensiva desde ese primer momento, pues don Enrique le dijo a Ortega. *Vení Daniel, te voy a enseñar mi oficina.* Daniel Ortega sonrió y siguió al presidente Bolaños. El resto de acompañantes de uno y otro lado, sin ser invitados, siguieron a los dos principales actores de la reunión. Cuando el presidente Bolaños hacía referencia a la vista desde su oficina (que daba hacia el Lago Xolotlán o de Managua), don Enrique, no se sabe si deliberadamente, le dijo a Ortega: *No fregués, si vos ya conocías esta oficina. ¿Cuántas veces te reuniste aquí con Arnoldo? Y yo enseñándote la oficina, y vos no me decís nada Daniel….* Al no obtener respuesta de Ortega, el presidente Bolaños lo continuo interrogando y le dijo: *Ideay, adonde es que te reunías entonces con Arnoldo. Decime hombre, si no le voy a contar a nadie* dijo Bolaños, lo que no fue objeto de ninguna sonrisa ni de Ortega ni de sus acompañantes. Los que estuvieron con el presidente Bolaños en ese primer encuentro oficial, sonreíamos nerviosamente, por el *atrevimiento* con Ortega. Esta sería la primera de varias reuniones. Unas secretas, otras públicas. Unas filtradas a los medios, otras no.

Antes de iniciar la plática, don Enrique invitó a que le acompañasen en una oración por iniciarse ese día la fiesta de cuaresma. Una cruz de cenizas se notaba en la frente del presidente Bolaños. Ni Ortega, ni Escoto, ni Núñez, ni Marenco daban la impresión de haber asistido a la eucaristía católica. Tampoco estaba ahí doña Rosario Murillo. Es más, nunca estuvo en las muchas reuniones que sostuvieron el presidente Bolaños y Daniel Ortega Saavedra. Hasta que ganaron las elecciones en noviembre del 2006, en que llegaron juntos a la antigua Presidencia de la República, hoy *Casa de los Pueblos.*

Cuanto más se dividen los obstáculos son más fáciles de vencer
Concepción Arenal

La división y el preludio de la llegada de Ortega

Los resultados electorales de las elecciones municipales en el año 2004 fueron el presagio del resultado que permitió a Daniel Ortega regresar al poder. El opositor FSLN obtuvo más de 70 alcaldías. El también opositor PLC redujo su control en más de 20 municipios y el oficialista APRE, apenas alcanzó 8 alcaldías., ya con un Consejo Supremo Electoral claramente favoreciendo al FSLN, como se recordará en el caso de la Alcaldía de Granada que fue vulgarmente despojada al ingeniero Dionisio Cuadra. El avance electoral del FSLN, era evidente y eso podía suceder en noviembre del 2006. Eso sucedió. Se dividieron. José Antonio Alvarado, ex Director del Banco de la Vivienda con la presidenta Chamorro; ex ministro de Educación, ex ministro de Gobernación; y ex ministro de Defensa de Arnoldo Alemán; ex secretario político y ex ministro de Salud con el presidente Enrique Bolaños, se regresó al partido de donde se había retirado expulsado, el PLC para junto el doctor José Rizo Castellón integrar la fórmula del liberalismo alemancista. El ex vicepresidente Rizo Castellón era el mismo que se había opuesto al liderazgo de Alemán Lacayo con el *Movimiento 23 de Junio* junto a Enrique Bolaños y otros *disidentes* liberales. En enero del 2006, la mesa estaba servida. Por el PLC José Rizo y José A. Alvarado. Eduardo Montealegre, quien fue retirado del PLC, era candidato de la recién formada Alianza Liberal Nicaragüense. Con mucho menos posibilidades de victoria, participabas Edmundo Jarquín y Carlos Mejía Godoy por el Movimiento Renovador Sandinista (MRS), después de la muerte del ex alcalde Herty lewites; y don Edén Pastora Gómez por algo llamado Alternativa Cristiana de Orlando Tardencilla.

Ortega Saavedra y el FSLN, al fin, jugaban en el escenario perfecto. Era su *último* chance. Era Patria Libre o Morir y no murió. El candidato ganador del FSLN en 1984, candidato derrotado en 1990, candidato derrotado en 1996, candidato derrotado en el 2001, se convirtió en el candidato ganador en el 2006. Enrique Bolaños Geyer entregaría la banda presidencial a su archirrival. En la campaña, los ministros del presidente Bolaños Geyer, también se dividieron. Los ministros de Gobernación, Defensa, Fomento, Industria y Comercio, Hacienda y Crédito Público; Trabajo y ́de Agricultura, respaldaban a Montealegre. Los ministros de Salud, Educación, Recursos Naturales y Familia, apoyaban a José Rizo Castellón y José Antonio Alvarado. Los números, sumando, restando, multiplicando y dividendo, no daban. No había forma de ganar. Las esperanzas de una segunda vuelta electoral era el principal aliciente de los que se enfrentaban al FSLN de Ortega. Estabamos todos equivocados y Enrique Bolaños fue muy cuidadoso en nunca decir públicamente su preferencia. En algún momento en una entrevista dijo, casi señalandolo, que apoyaba a Eduardo Montealegre, aunque en privado era claro que era su mejor opción.

En octubre del 2006, las encuestas eran un enredo. Daniel Ortega las encabezaba, como siempre, pero eso no era nada raro, pues siempre encabezaba todos los sondeos. Igual fue en 1990, en 1996 y en el 2001 y había perdido. Ortega llenaba plazas a reventar pero, eso tampoco era nuevo. Sucedía siempre. Pero esta vez si ganó. En casa presidencial el presidente Bolaños convocó a sus ministros a partir de las 5 p.m. de la tarde el 5 de noviembre del 2006, el día de las elecciones. Cerca de las 8 p.m. todo era confusión. Se recibía información que reflejaba el triunfo de Montealegre en Granada a la vez que en Matagalpa *alguien* decía lo contrario. La Policía Nacional y el Ejército de Nicaragua reportaban el desarrollo normal del proceso electoral, salvo incidentes aislados. Cerca de la 1 de la mañana, 7 horas después de concluido el cierre de las urnas electorales, estábamos claros de lo que venía. El FSLN y Daniel Ortega superaban a Montealegre Rivas y a Rizo Castellón. Igual que en las elecciones municipales del año 2004, el FSLN iba triunfando. Mismas reglas con que el Presidente Enrique Bolaños derrotaba 5 años y 1 día antes, al mismo candidato del FSLN, Daniel Ortega.

A las 2 de la madrugada del 6 de noviembre, con un sonriente Roberto Rivas dando los resultados preliminares (obviamente seleccionados a propósito en donde el candidato del FSLN marchaba con ventaja) la Casa Presidencial se fue quedando vacía. Era el preludio del triunfo y retorno de Daniel Ortega al poder. Daniel Ortega regresaba a la presidencia sin haber participado en un solo debate, sin haber dado una sola entrevista a ningun periodista.

El gobierno del presidente Enrique Bolaños había iniciado desde junio del 2006, 8 meses antes, el proceso de preparación de entrega de gobierno. Daniel Ortega designó al norteamericano Paul Osquist como coordinador del gobierno entrante. El gobierno saliente nombró a Leonardo Somarriba, Secretario de la Presidencia. Meses antes, desde junio del 2006, el presidente Bolaños había suspendido las contataciones de funcionarios en lo que quedaba de su gobierno. Cero incrementos salariales. Cero traslados. Cero compras. Cero todo. Así fue. Cuatro días después de la victoria de Ortega Saavedra, el presidente Enrique Bolaños Geyer invitó al presidente electo a Casa Presidencial. Llegó con doña Rosario Murillo, Bayardo Arce, Edwin Castro y René Núñez. Ellos informales, los ministro del presidente Bolaños, de traje y corbata. No pasó desapercibido los *afectuosos* y *cariñosos* saludos de unos cuantos funcionarios del presidente Bolaños que se *desvivían* en abrazos y sonrisas que dieron en el saludo protocolar al presidente electo. Incluso, hubo unos cuantos ilusos y tontos que creyeron en los *cantos de sirena,* de que el comandante Ortega *consideraría confirmar a* algunos ministros del área económica del gobierno saliente para *tranquilizar* al sector privado. Ortega Saavedra había ganado las elecciones, o mejor dicho los liberales dividos habían entregado el poder, pues juntos sumaban más del 52 %, cifra consistente con los resultados de 1996, el 2001 y el 2006. Ortega Saavedra ganó la presidencia con 37.9 %, es decir, con menos votos que el 42 % que logró en el año 2001 frente a Enrique Bolaños.

Otra victoria como esta, y volveré solo a Epiro
Pirro

La victoria de Ortega

La componenda política acordada entre el doctor Arnoldo Alemán Lacayo y el comandante Ortega Saavedra, incluía, además de la repartición de cargos en los otros Poderes de Estado, la diputación de quien hubiere ejercido la presidencia de la República y la reducción del porcentaje requerido para dilucidar en una primera vuelta, la contienda electoral presidencial con un mínimo del 35 %. Ortega Saavedra sabía que su *techo electoral* había sido similar en 1990, 1996 y el 2001. Jaime Morales Carazo, asesor personal indiscutible del doctor Arnoldo Alemán Lacayo durante su presidencia y padrino del mismo, asesoró a su ahijado, y Ortega lo aprovechó.

Para que Daniel Ortega venciera a Enrique Bolaños en el 2001, era necesaria la división del *anti-sandinismo.* La división era fundamental, pero no sucedió al *retirarse* de la contienda el otra vez candidato presidencial conservador Noel Vidaurre Arguello, que marcó en algún momento de los sondeos, hasta el 17 % de opinión favorable en las encuestas. No tanto por su partido Conservador, sino como por ser algo *diferente* del PLC y del FSLN. Para las elecciones del 2006, todo estaba planificado al más mínimo detalle. La consigna histórica del frentismo de *Patria Libre o Morir,* era la misma consigna política para Daniel Ortega. O ganaba en la cuarta postulación consecutiva o quizás no tendría una quinta oportunidad en el 2011. Era la última oportunidad. Su última oportunidad. No la iba a desperdiciar y no lo hizo.

Probablemente la última persona a quien Enrique Bolaños Geyer hubiera deseado entregar la banda presidencial tenía nombre y apellido: Daniel Ortega. Le tocaba el triste papel de regresar la banda simbólica a quien no quería. No tenía alternativa. La persistencia y perseverancia, ayudado por la ceguera de los liberales, habían hecho triunfar a Ortega. Eso más la componenda política acordada con el doctor Arnoldo Alemán.

Estamos muy agradecidos por lo que el presidente Bolaños ha hecho. Deja un país mucho más sólido desde el punto de vista económico y desde el punto de vista de su futuro, que aquel país que encontró hace algunos años, dijo el Secretario General de la OEA, el socialista José Miguel Insulza. Pocos días después, el presidente Enrique Bolaños hizo un llamado *a gobernar para la Patria*, expresando su esperanza porque el presidente electo, Daniel Ortega gobernara para todos los nicaragüenses y no únicamente para sus partidarios. El presidente Bolaños abogó para que los nicaragüenses nunca más padeciéramos guerras, dictaduras, dinastías, confiscaciones, autoritarismos ni totalitarismos, ni tampoco censura a la libertad de expresión.

Bolaños Geyer recordó que desde el primer día de su gobierno, se había despojado de sus banderas partidarias para servir a todos por *igual. No me arrepiento, al contrario, me siento orgulloso*, señaló tras indicar que los resultados estaban a la vista, porque *no hay mejor momento que el que vivimos y como he dicho, estamos dejando la mesa servida*, repitió tal como lo había dicho ante la Comunidad Americana de naciones aglutinadas en la OEA. El presidente Bolaños Geyer instó al presidente electo, Daniel Ortega, a que siguiera el rumbo ya trazado, *pues le quedan las herramientas, los instrumentos y los recursos para que lo haga* dijo el presidente Bolaños. Durante su discurso señaló logros de su gobierno alcanzados como la aprobación del DR-CAFTA, la disminución de la deuda externa, la creación del Plan Nacional de Desarrollo, la ejecución de la Cuenta Reto del Milenio y el inicio de las negociaciones con la Unión Europea de cara a un acuerdo comercial. Señaló también que durante su mandato se generaron 300 mil nuevos empleos,

1 mil 850 millones de dólares para invertir en proyectos de desarrollo y 784 kilómetros de carreteras.

Bolaños Geyer, al entregar la banda presidencial a Daniel Ortega Saavedra no pronunció discurso alguno, como había hecho su antecesor Arnoldo Alemán Lacayo. El presidente Bolaños consideró que ya él había dicho lo que tenía que decir y que era el turno de Daniel Ortega, guardando siempre la esperanza de que el veterano líder sandinista hubiese aprendido la lección de los 80´s. Fue por ello que Enrique Bolaños se dirigió en un mensaje a la nación el día antes de entregar el poder al líder rojinegro en Casa Presidencial el 9 de enero del 2007, donde incluso ofreció disculpas, al decir *a quienes sientan que les he dañado, les pido disculpas por que nunca fue esa mi intención. Cuando debí usar la fuerza pública ante la violencia fue con suavidad y prudencia y fueron los policías los más lesionados. En el momento de mayor peligro preferí enfrentarme personalmente aun a riesgo de mi propia seguridad personal.*

Con respecto a sus opositores dijo *es innegable que hoy Nicaragua está mejor que ayer... Aunque no todo lo que me propuse pude realizarlo en gran parte por mis opositores. Nunca doblegué mis principios ante ellos*, agradeciendo así a la bancada *Azul y Blanco,* reconociendo al igual el trabajo de las bancadas del Partido Liberal Constitucionalista (PLC) y del Frente Sandinista de Liberación Nacional (FSLN) que en uno u otro momento de su quinquenio apoyaron iniciativas legislativas que Bolaños Geyer requirió, tales como el DR-CAFTA o las leyes necesarias para que Nicaragua fuera aceptada en la iniciativa HIPC o los acuerdos con el Fondo Monetario Internacional. Al finalizar su último discurso como presidente de Nicaragua, Enrique Bolaños agregó *he trabajado para que mi sucesor pueda servir al pueblo, para que luche contra la pobreza. Deseo fervientemente que al señor Daniel Ortega le vaya bien, para que Nicaragua siga avanzando.*

> *Hay que tener el valor de decir la verdad,*
> *sobre todo cuando se habla de la verdad*
> Platón

Capítulo IX
Lo que quedó

En el año 2003, Enrique Bolaños atendió una invitación del Rey Harald V de Noruega y del Primer Ministro Jkell Magne Bondevik para visitar esa nación amiga. De sus asesores recibió la recomendación de incorporar a su pequeña delegación a algunos diputados y miembros del Poder Judicial. Aceptó las sugerencias y junto al Canciller, el Secretario Privado y el Secretario de la Presidencia partió hacia Europa con un magistrado de la Corte Suprema de Justicia de tendencia sandinista; de un diputado del PLC y otro del FSLN. Hubo a lo interno, antes de tomar la decisión criterios encontrados, pero prevaleció el espíritu de hacerse *acompañar* de los funcionarios referidos, especialmente para que escucharan lo que pensaban los lideres de los países cooperantes sobre el gobierno del presidente Bolaños.

En Madrid, primera escala de la gira presidencial, el Secretario de Asuntos Jurídicos de la Presidencia comunicó la decisión arbitraria y lesiva al Estado adoptada por la Corte Suprema de Justicia, cuya sentencia había sido precisamente elaborada por el magistrado que acompañaba al presidente Bolaños en la delegación y quien habia *asegurado* que no procedería en contra de los intereses del Estado. Era sobre una demanda fraudulenta a INISER. Cerca de las 7 de la mañana, antes de pasar al desayuno, hubo que informarle al presidente Bolaños lo ocurrido. Como pocas veces, el presidente reaccionó airadamente, llegando casi a decir palabras *fuertes,* lo que no acostumbraba ni en privado. Tratando de calmarlo ante la decisión *judicial* que perjudicaba al Estado, se le hizo ver que *así eran las cosas* en el país que le tocó gobernar y que viera el caso de la ex presidenta Chamorro, a quien años después de su gestión, se le reconocía en su justa medida, lo bueno de su gobierno.

El presidente Bolaños me dijo *¿y qué crees vos? Vos crees que yo estoy en esto para que me reconozcan algo. Yo no estoy para que después vengan a decir que yo era bueno ni nada de eso. A mí no me importa que me reconozcan nada. Si me metí a esto fue porque quiero ayudar a cambiar las cosas. Yo más bien debería estar atendiendo a doña Lila y jugando con mis nietos. No sé si valió la pena meterme a esta chochada,* agregó. Buscando como calmarlo, se le dijo*, claro que sí presidente, vale la pena.* Minutos después el presidente Bolaños no entendía la desfachatez con que lo recibía en el desayuno el magistrado sandinista que ya sabía que el presidente estaba enterado de la nueva *zanganada* que perjudicaba los intereses del Estado. La reflexión anterior resume la forma de pensar de Enrique Bolaños una vez finalizada su gestión presidencial. Ya era lo suficientemente adulto para gozar con adulaciones y pleitesías que sin embargo, no le faltarían durante su quinquenio. Siempre, por si acaso no lo notaba el presidente, el natural instinto de su esposa, estaba ahí para hacérselo ver. Se recuerda una vez en una visita de Estado a un país europeo, de las pocas veces que le acompañó su esposa, que ésta le dijo a uno de los que andaba en la delegación oficial con el presidente y que se esmeraba en *atender* y *ofrecer* cualquier cosa con tal de quedar bien y la primera dama le dijo *Ve fulanito, sabes de que vas a trabajar cuando Enrique no sea presidente. ¿De qué doña Lila?,* le dijo el sonriente funcionario esperando una respuesta agradable. *Bueno, yo creo que vos vas a trabajar de mesero. Vas a trabajar de mesero,* le dijo seriamente Doña Lila. Todos nos reímos por la sinceridad de la señora. Todos menos a quien le vaticinaban un futuro no muy *elegante*, que *sonreía*, más bien, nerviosamente

Y aunque Enrique Bolaños no buscara elogios ni serviles que lo adularan al finalizar su mandato, hay coincidencia en resumir algunos de los principales logros de su administración:

1. Credibilidad en la marca-país
2. El país más seguro de Centroamérica
3. Condonación del 80 % de la deuda externa
4. Incorporación de Nicaragua a la iniciativa HIPC
5. Legar al gobierno entrante un programa con el FMI y proyectos contrataros por más de US$ 1,850 millones
6. Aumento del 75 % en las Reservas Internacionales
7. Firma del Tratado de Libre Comercio con Estados Unidos
8. Restablecimiento de la cooperación militar de EEUU al Ejército de Nicaragua
9. Generación de 300 mil empleos
10. Incremento del 35 % en el turismo
11. Cuenta Reto del Milenio y US$ 300 millones contratados
12. Avance del 93% en el desminado en el territorio nacional.
13. Aumento en las pensiones del Seguro Social
14. Incremento en los salarios de los maestros, policías y soldados del Ejército

Ya fuera de la presidencia, los comentarios que cobran mayor importancia sobre algunos de los logros del presidente Enrique Bolaños Geyer son los que se hacen con frialdad, más aún si estos provienen de actores extranjeros, como el caso de la ex embajadora del Reino de Suecia, Eva Zettesberg, quien públicamente declaró:

El gobierno de don Enrique Bolaños logró, entre otros factores: 1) Una macroeconomía en balance, con baja inflación, 2) Leyes y sistemas que contribuyen a más transparencia, 3) Mejores ingresos del Presupuesto General de la República, 4) La condonación de una gran parte de la deuda externa y 5) Confianza en el nombre de Nicaragua.

Creo que al final, la tozudez de Enrique Bolaños Geyer por dejar como un *libro abierto* lo que fue o no fue su presidencia de la República, se recoge magistralmente en la Biblioteca virtual que a través de su fundación, ha puesto a disposición de todo el que quiera conocer de lo ocurrido en su gestión y que contiene miles de documentos de la más diversa índole, en la que se enseña que un presidente puede cometer errores, pues al final es humano, pero quien los expone al escrutinio público merece ser recordado por ello. Como *ipegue,* se han incorporado a la biblioteca virtual, valiosísimos documentos históricos de la Nicaragua que nos vio nacer. Vale la pena conocer entonces las razones que impulsaron la vida del Ingeniero Enrique Bolaños Geyer a ir siempre, *Contra la Corriente.*